आँगन में एक वृक्ष

[उपन्यास]

आँगन में एक वृक्ष

दुष्यन्त कुमार

राधाकृष्ण प्रकाशन

ISBN : 978-81-7119-741-5

आँगन में एक वृक्ष (उपन्यास)

पहला संस्करण : 1979
छठा संस्करण : 2017
दूसरी आवृत्ति : 2023

मूल्य : ₹ 450

प्रकाशक
राधाकृष्ण प्रकाशन प्राइवेट लिमिटेड
जी-17, जगतपुरी, दिल्ली-110 051
शाखाएँ : अशोक राजपथ, साइंस कॉलेज के सामने, पटना-800 006
पहली मंजिल, दरबारी बिल्डिंग, महात्मा गांधी मार्ग, प्रयागराज-211 001
वेबसाइट : www.radhakrishnaprakashan.com
ई-मेल : info@radhakrishnaprakashan.com

मुद्रक
बी.के. ऑफसेट
नवीन शाहदरा, दिल्ली-110 032

AANGAN MEIN EK VRIKSHA
Novel by Dushyant Kumar

खंड : एक

और इसी दिन का मुझे इन्तज़ार रहता। चन्दन भाई साहब आते तो मेरे लिए घर में नुमाइश-सी लग जाती। रंग-बिरंगे कपड़े, अजीबो-ग़रीब खिलौने, जापानी पिस्तौल और गोलियाँ और इनके अलावा खूबसूरत डिब्बों में बन्द टाफ़ियाँ व चाकलेट और यह सबकुछ अकेले मेरे लिए।

माँ हमेशा उन्हें डाँटतीं, "चन्दन, तू इतने पैसे क्यों फूँकता है रे?"

"कहाँ बीजी! देखो, तुम्हारे लिए तो कुछ भी नहीं लाया इस बार।" भाई साहब बड़ी मधुर आवाज़ में, सहज मुस्कान होंठों पर लाकर सफ़ाई देते। माँ बड़बड़ाती हुई रसोईघर में चली जातीं

और मैं भाई साहब के और पास सरक आता। मेरी तरफ़ मुख़ातिब होते हुए वे धीरे से मेरे कान में कहते, "बीजी से ज़िक्र मत करना, उनके लिए भी साड़ी लाया हूँ। जाते हुए दूँगा।" फिर अचानक गम्भीर होकर पूछते, "हाँ भई, क्या प्रोग्राम है आज का?"

मैं प्रोग्राम का मतलब नहीं समझता था। केवल उनकी ओर प्यार और श्रद्धा से निहारता रहता। वे हँसकर मुझे अपने से चिपटा लेते और खुद ही समझाते, "तो फिर यह तय रहा कि दोपहर में म्यूज़िक, शाम को शिकार और रात में यादराम के हाथ के पराँठे और तीतर?"

मैं गरदन हिलाकर सहमति प्रकट करता और तत्काल मेरी आँखों में यादराम की गंजी चाँद और पराँठे बेलते समय उसकी कनपटियों पर बार-बार उभरती-गिरती नसों की मछलियाँ तैरने लगतीं।

यादराम भाई साहब का ख़ानसामा था। भाई साहब जब भी मुरादाबाद से आते, यादराम साथ ज़रूर आता। दोपहर का भोजन भाई साहब माँ के रसोईघर में बैठकर करते। मगर शाम को पिताजी और मैं दोनों ही उनके साथ यादराम के हाथ के पराँठे खाते। सिर्फ़ माँ अपनी रसोई अलग पकाती थीं।

"क्यों यादराम, तेरी चाँद के बाल कहाँ गए?" मैं अक्सर यह सवाल उससे पूछा करता।

और यादराम हमेशा इसका एक जवाब देता, "बाबूजी के जूते चाट गए, लल्लू।"

माँ को यादराम एक आँख नहीं भाता था। शुरू-शुरू में उन्होंने मेरे वहाँ खाने का बड़ा विरोध किया। लेकिन कुछ तो मेरी अपनी ज़िद और कुछ भाई साहब के अनुनय-अनुरोध के सामने उन्हें झुक जाना पड़ा। मुझे खूब याद है कि स्वभाव से बहुत कठोर होने के बावजूद माँ भाई साहब की बात नहीं टालती थीं। यह और बात है कि उसके बाद भी वे मुझे लेकर बराबर भाई साहब और पिताजी, दोनों को यह ताना देती रहतीं कि उन्होंने 'छोटे' को भी म्लेच्छ बना दिया है।

गाँव में भाई साहब एक भूचाल की तरह आते थे और डेढ़-दो हज़ार आदमियों की उस

छोटी-सी बस्ती में, हर जगह, हर क़दम पर अपने नक़्श और छाप छोड़ जाते थे। उनके जाने के बाद कई दिनों तक लोग क़िस्से-कहानियों की तरह उन्हें याद करते रहते और अक्सर यही ज़िक्र हुआ करता, "देखो, कितना बड़ा आदमी है, मगर घमंड छू तक नहीं गया!"

भिक्खन चमार–जिसे भाई साहब 'मूविंग रेडियो स्टेशन' कहा करते थे, उनके चले जाने के बाद, अपने ठेठ क़िस्सागोई के अन्दाज़ में उनकी कहानियाँ सुनाता, "अरे भैया, बाबू आदमी थोड़ई हैं, फिरस्ते हैं। उस दिन सुबह-सुबह बन्दूक लिये हुए आ गए। बोले–'क्यों मुविन रेडियो-टेसन, अकेले-अकेले माल उड़ा रये हो!' मैंने कहा–'बाबू, माल कहाँ, खिचड़ी है, तुम्हारे खाने की चीज नईं।' बस, बिगड़ गए। बोले–'अच्छा! तुम अकेले खाओगे और हम तुम्हारा मुँह देखेंगे?' और साहब, भगवान झूठ न बुलाए, मैंने जो लुकमा बनाने के लिए थाली की तरफ़ हाथ बढ़ाया, तो धड़ाक। साला दिल धक् से हो गया। और साहब, सूँ-सूँ करता हुआ एक कव्वा भड़ाक से थाली में आके गिरा। राम! राम!! राम!!! कहाँ का खाना! हाथ जोड़कर उठ खड़ा हुआ। क्या करता? मगर क्या बेचूक निसाना। साले उड़ते पंछी कू जहाँ चाहा, वहाँ गिरा दिया।"

निशाने की तारीफ़ भाई देवीसहाय जी भी किया करते थे। मगर उससे भी ज्यादा वे भाई साहब के गले पर मुग्ध थे। उनका तकिया-कलाम 'ओख़्ख़ो जी' था। इसलिए भाई साहब उन्हें 'ओख़्ख़ो भाई साहब' कहा करते थे। उनके म्यूजिक-प्रोग्राम में बुजुर्गों का प्रतिनिधित्व केवल 'ओख़्ख़ो भाई साहब' किया करते थे। हम बच्चों का इस प्रोग्राम में बैठने की इजाज़त नहीं होती थी। लिहाजा हम हॉल के बन्द दरवाज़ों के पास कान लगाकर सुना

करते। तबले के ठोकने, हारमोनियम के स्वर मिलाने और भाई साहब के आलाप लेने से शुरू कर ख़त्म होने तक हम कई लड़के वहाँ खड़े रहते और जब भाई देवीसहाय जी कहते, 'ओख़्ख़ोजी, क्या चीज़ सुनाई है, भाई चन्दन! कहाँ से मार दी?' तो बड़े लड़के कान लगाकर ग़ौर से सुनने की कोशिश किया करते थे।

मुझे उस समय तक संगीत में इतनी दिलचस्पी नहीं थी। इसलिए मुझे जब भी भाई साहब की याद आती, तो उनकी बातें और कहानियाँ सुनने के लिए मैं ओख़्ख़ो भाई साहब की बनिस्बत, भिक्खन चमार की बातें सुनना ज़्यादा पसन्द करता, जो उन्हें एक महान् और आदर्श नायक के रूप में पेश किया करता था।

लेकिन मंडावलीवाली भाभी, जो रिश्ते में हमारी कुछ न होते हुए भी बहुत कुछ होती थीं, न तो भाई साहब की महानता के किस्से सुनातीं और न पौरुष के, बल्कि घंटों अपनी ही शैली में, उनकी बड़ी-बड़ी आँखों का और उनके रंग-रूप का, उनके सौन्दर्य का और उनकी शरारतों का हाव-भाव सहित वर्णन किया करती थीं। मेरी तरह उन्हें भी भाई साहब पसन्द थे और भाई साहब की बातें सुनाने में वे उतना ही रस लेती थीं, जितना मैं सुनने में।

"पिछली बार मैंने खूब सुनाई," भाभी सुनाया करती थीं, "मैंने कहा–'लालाजी, कहीं भले घर के लड़के पान खाया करते हैं! हमारे ख़ानदान में तो किसी लड़के ने शादी से पहले पान छुआ तक नहीं था। तुम्हारे ख़ानदान में अक्ल के चिराग़ ऐसे बुझ गए कि कोई कहनेवाला ही नहीं रहा।' बस भैया, इतना सुनना था कि वे तो लगे हाथ-पाँव जोड़ने–'अरे मेरी प्यारी गुलाबी भाभी! मुझे माफ़ कर दो। मैं कान पकड़ता हूँ, अब कभी पान नहीं खाऊँगा।'

''हाय राम, इतने में ही देखती क्या हूँ कि तुम्हारी अम्मा बगड़ की तरफ़ से चली आ रही हैं। अब मेरी एक साँस ऊपर और एक साँस नीचे। बराबर की उम्र का खूबसूरत और जवान देवर क्यों तुम्हारे सामने कान पकड़े खड़ा है?—वे पूछ बैठतीं तो मैं क्या जवाब देती? मगर उन्होंने पहले लालाजी को ही डाँटा—'क्यों रे चन्दन, कान पकड़े क्यों खड़ा है?'

''लालाजी का चेहरा उतर गया। बोले—'बीजी, मुझसे बड़ी ग़लती हो गई थी। मगर आज भाभी ने मेरी आँखें खोल दीं—सो कान पकड़कर प्रायश्चित्त कर रहा हूँ।'

''हाय राम! मेरी साँस उखड़ने लगी। लालाजी ये कैसी उल्टी-पुल्टी बातें कर रहे हैं! अपने आप तो कुछ का कुछ कह-सुनकर मुरादाबाद चले जाएँगे और औरतों में फज़ीहत होगी मेरी। उधर मैंने देखा, चाचीजी के सफेद रंग पर भी गुस्से की सुर्ख़ी उभरने लगी थी। मगर उन्होंने मुझसे फिर भी कुछ नहीं कहा। उनसे ही बोलीं—'साफ़-साफ़ बोल! क्या नाटक लगाए रहता है हर वक़्त?'

''अब उन्हें उत्तर देना ही पड़ा, बोले—'बीजी, हमारी भाभी रूपवती ही नहीं, ज्ञानवती भी हैं। आज इन्होंने मुझे इस बात पर बड़ा सुन्दर भाषण दिया कि क्वारे लड़के पान खाकर होंठ रँगे नहीं घूमा करते। क्यों बीजी, क्या क्वारे लड़के सचमुच पान नहीं खाया करते?'

''बस भैया, तुम्हारी अम्मा ने एक क्षण उनके होंठों की तरफ़ देखा और दूसरे ही क्षण उनके चेहरे की वह सुर्ख़ी ग़ायब हो गई। उस दिन वे पहली बार थोड़ा-सा मुस्कराईं भी। मुझसे बोलीं—'बहू, तू बड़ी बेवकूफ़ है। चन्दन ने पान कहाँ खाया है? ध्यान से देखा कर।''

"चाचीजी तो इतना कहकर चली गईं, पर हाय राम, लालाजी कितने बेशरम हैं कि खीं-खीं करके हँस पड़े। मैंने ग़ौर से उनके होंठों की तरफ़ देखकर कहा–'लालाजी, तुम्हारे होंठ तो सचमुच पान खाए-से लगते हैं।' तो वे बोले–'हाँ, मेरी गुलाबी भाभी, ज़रा ध्यान से देखो, छूकर देखो और हो सके तो चूम कर...।' बस, भैया, मैं फ़ौरन अन्दर भागी और वे मेरे पीछे-पीछे...मगर एक बात है, मन में मैल उनके ज़रा भी नहीं। जो भी कहेंगे, शुद्ध चित्त से।"

भाभी अपने हर किस्से के अन्त में एक लाइन ज़रूर जोड़तीं, "लाला, मगर ज़िक्र मत करना किसी से। ज़माना बड़ा ख़राब है।"

मुझे मंडावलीवाली भाभी की बातें खूब अच्छी लगतीं–भाई साहब ने किस प्रकार एक दिन दोपहर में आकर उनकी दूध की हाँडी की सारी मलाई सफ़ाचट कर दी, किस प्रकार उन्होंने भाभी का जमा-जोड़ा आधा सेर घी एक ही बार में खिचड़ी में डालकर हज़म कर लिया, किस प्रकार उन्होंने खेल-ही-खेल में भाभी को उठाकर कमरे की टाँड पर बिठा दिया और सीढ़ी लेकर चले गए, आदि अनेक कहानियाँ भाभी घंटों सुनाती रहती थीं।

क्योंकि भाभी हर बार एक नई कहानी सुनातीं और केवल मुझे ही सुनातीं, इसलिए मुझे मज़ा भी आता था, मगर भाई साहब के दोस्तों की सब बातें मुझे मज़ेदार नहीं लगती थीं। शिकार की कहानियों तक तो अच्छा लगता था, क्योंकि लम्बे और बड़े शिकार में या रात के शिकार में भाई साहब मुझे अपने साथ नहीं ले जाते थे। मगर उनकी लड़कियों की बातें मुझे अच्छी नहीं लगती थीं और मैं शरमाकर वहाँ से उठने की सोचने लगता था। लेकिन छुट्टन,

सागर, विजीश और इन्दल और पास सरक आते और भाई साहब के अभिन्न मित्र कल्यान चाचा से पूछते, "हाँ भाई, तो फिर वह पटी?"

"अरे, पटती कैसे नहीं साली! चन्दन क्या कोई मामूली आदमी है! साली के पास सौगातों का ढेर लगा दिया। रोज हम लोग उसी गाँव की तरफ शिकार खेलने जाते थे और साली के लिए कभी पौडर, कभी क्रीम, कभी मिस्सी, कभी हार–कुछ-न-कुछ ले ही जाते। साली बरोब्बर उसी टैम दरवाजे पर खड़ी मिलती। आखिर झख मारकर उस दिन पीछे-पीछे जंगल में आ ही गई।"

"आ गई! अपने आप?" विजीश ने आश्चर्य से पूछा।

"अरे अपने आप क्या? मैंने उससे कहा और वह चली आई।" कल्यान चाचा ने उसी लापरवाही से उत्तर दिया।

"भाई साहब ने नहीं कहा?" विजीश ने फिर प्रश्न किया।

"अरे उन्होंने तो साली की तरफ़ दो से तीसरी बार देखा भी नहीं। कुछ कहो भाई, चन्दन की तो आँख में ऐसा कोई जादू जरूर है कि साला एक बार कोई नजरें मिला ले तो वशीकरण हो जाए।"

"तो फिर वह आ गई?" इन्दल ने आगे का हाल जानना चाहा।

"अबे, आती क्यों नहीं? गुड़ खाएगी तो अँधेरे में जरूर आएगी।" कल्यान चाचा उसकी बार-बार की जिज्ञासा से झुँझलाकर बोले, "सालो, इस सड़ी हुई नसीबन के दीवाने बने घूमते हो। उसे देख लो तो गश खाकर गिर पड़ो। साली एकदम पटाखा है। चन्दन भी मान गया कि हाँ, ऐसी चीज मैंने मुरादाबाद तक में नहीं देखी।"

कल्यान चाचा के ऐसे ओजस्वी वक्तव्य पर उस दिन सब

शान्त हो गए थे और मैं शरमाकर उठ लिया था। शायद मेरे उठने की ही प्रतीक्षा में कुछ प्रश्न लोगों की ज़बान में बन्द थे। जाते-जाते मैंने सुना, दबी ज़बान से इन्दल ने पूछा था, "तो फिर बात बनी?"

उस दिन अगर रगुवा नाई न होता तो मैं ज़रूर बेहोश होकर गिर पड़ता।

मैं बैठक के सहन में पिताजी के मूढ़े से लगकर खड़ा था। आसपास गोलाकार रखे मूढ़ों पर और कई लोग बैठे थे। थोड़ी ही देर पहले पिताजी बिजनौर से आए थे। स्टेशन से गाँव तक बैल-ताँगे के सफ़र के कारण उनके कपड़ों, मूँछों और सिर के बालों पर धूल जम गई थी। वे मूढ़े पर बैठे-बैठे हाथ-मुँह धो रहे थे और मुक़दमे में हुई जिरह की ख़ास-ख़ास और मज़ेदार बातें लोगों को सुनाते जा रहे थे।

हमेशा यही होता था। पिताजी जब भी बिजनौर की ज़िला कचहरी से लौटते, लोग बैठक

पर ही उन्हें घेर लेते और वे दो-तीन और कभी-कभी चार घंटे बाद, शाम गुजर जाने पर घर में घुसते। हमेशा घर से रगुवा नाई द्वारा तम्बाकू मँगवाकर हुक़्क़ा भरवाते और फिर हुक़्क़े के साथ जो बातचीत का दौर चलता, उसमें अक्सर इस बात को भूल जाते कि उनके झोले में मेरे लिए जो फल या मिठाइयाँ रखी हैं, वे पिचककर चूरा हो जाएँगी या उनका मज़ा किरकिरा हो जाएगा।

एक बार उत्सुकता और उतावली में मैंने उनका झोला छू लिया था। उस दिन का झाँपड़ आज तक याद है। इसी तरह एक बार मैंने नए बैलवान को फुसलाकर उससे झोला उठवा लिया था। उसे पिताजी ने इतनी गालियाँ दी थीं कि बेचारा घबराकर अगले दिन से छुट्टी पर बैठ गया था। इसलिए मैं विवश-सा उनके बिजनौर से लौटते ही चुपचाप उनके मूढ़े से लगकर खड़ा हो जाता और वे मेरी पीठ पर प्यार-भरी थपकियाँ लगाते हुए लोगों को कचहरी के क़िस्से सुनाते रहते थे। इस बीच जब भी उन्हें ध्यान आता, वे फ़ौरन मूढ़े से टिका झोला उठाकर एक बड़ा-सा पैकेट मेरी ओर बढ़ाते हुए कहते, "लो बेटे, शाबाश!"

आख़िर झोले में ऐसी क्या चीज़ है, यह उत्सुकता मेरे मन में बहुत दिनों तक बनी रही। कई बार मूढ़े से टिके हुए उनके झोले की तलाशी भी ले डाली। मगर उसमें एक-दो पैकेट, कुछ कागज़ों की मिसिलें तथा एक-दो छोटी-बड़ी शीशियों या बोतलों के अलावा ऐसी कोई चीज़ नहीं मिली जिससे मेरा कुतूहल शान्त होता।

माँ यह प्रश्न करने पर हमेशा मुझे झिड़क देतीं और जितनी निराशा मेरे हाथ लगती उतना ही यह प्रश्न मेरे लिए और अधिक जटिल तथा रहस्यमय हो जाता। उतना ही अधिक मैं उसे जानने के लिए उत्सुक हो उठता।

मगर उस दिन यह गुत्थी भी अनायास सुलझ गई थी।

जब मुझे पिताजी का ध्यान अपनी ओर आकृष्ट करने का कोई उपाय न सूझा तो मैंने कहा, "पिताजी, अब आप बूढ़े हो गए हैं।"

इस वाक्य पर पिताजी ऐसे चौंक पड़े, जैसे उनके पाँवों के बीच से साँप गुजर गया हो! उनकी इस अप्रत्याशित मुद्रा से मैं भी घबरा गया। मगर दूसरे ही क्षण हँसकर सहज होते हुए उन्होंने कहा था "क्या बकता है बे?"

मैंने सँभलते हुए उत्तर दिया, "देखिए न, धूल जम जाने से आपके बाल कैसे सफ़ेद-सफ़ेद लग रहे हैं!"

पिताजी बड़े ज़ोर से क़हक़हा लगाकर हँसे थे। पास बैठे लोगों ने भी उनका साथ दिया था। उसी बीच उनका ध्यान मूढ़े से टिके हुए अपने झोले की ओर भी गया था, जिसमें से उन्होंने वह पैकेट निकालकर मेरे हाथों में थमा दिया था जिसकी प्रतीक्षा मैं इतनी देर से कर रहा था।

ठीक उसी समय, जब मैं पैकेट लेकर जाने की सोच रहा था, चार-पाँच आदमी भाई साहब को कन्धों पर लादे हुए चबूतरे पर चढ़े। पहले-पहल मैंने समझा कि कोई और आदमी है। भाई साहब का मुँह एक आदमी के कन्धे पर पीछे को लटका था। उन्होंने शेरवानी और चुस्त पाजामा पहन रखा था। मगर शेरवानी के सारे बटन खुले थे और उसके सामने के हिस्से पर सब्ज़ी या गोश्त के शोरबे के ताज़ा दाग़ थे।

उन लोगों ने बिना कुछ कहे उन्हें वहीं एक चारपाई पर लिटा दिया और पिताजी की ओर ऐसे देखने लगे, मानो पूछ रहे हों कि उन्हें अब क्या करना चाहिए!

मैं खुद नहीं जानता था कि मुझे क्या करना चाहिए। सारा वातावरण ख़ामोश था और मैं भी उस ख़ामोशी का एक अंग बना

खड़ा था लेकिन जैसे ही पलँग के चारों ओर खड़ी भीड़ ज़रा कम हुई और मैंने भाई साहब के मुँह में झाग जैसा थूक देखा तो मैं अनायास 'भाई साहब' की मर्मभेदी चीख़ के साथ बेहोश होकर गिर पड़ा। जाने कैसे मुझे अचानक यह लगा कि भाई साहब मर गए हैं और मुझे उतनी शिद्दत और गहराई के साथ प्यार करनेवाला अब कोई नहीं बचा है।

लेकिन भाई साहब मरे नहीं थे, वे थोड़ी ही देर बाद उल्टियाँ करने लगे। और मैं भी बेहोश होकर नीचे नहीं गिरा था, क्योंकि रगुवा नाई ने मुझे बीच में ही पकड़कर झकझोर दिया था। हाँ, मेरे हाथ से छूटकर वह पैकेट ज़रूर नीचे गिर पड़ा था। तभी पिताजी ने ज़ोरदार डाँट लगाई थी, "तू हरामजादे, खड़ा-खड़ा मुँह क्या देख रहा है? इसे घर छोड़कर आ।" और रगुवा तत्काल गोद में उठाकर पैकेट के साथ मुझे घर पहुँचा गया था।

वह दिन मेरे लिए शायद सबसे अधिक यन्त्रणा और त्रास का दिन था।

भाई साहब की ओर से इतनी निश्चिन्तता तो हो गई थी कि वे जीवित हैं, किन्तु ऐसा नहीं लगता था कि वे ख़तरे से बाहर हैं। शायद ऐसी ही आशंकाओं के कारण मेरा चेहरा फ़क पड़ गया था और मेरी बोलचाल में सहजता नहीं रह गई थी। माँ ने बिना कुछ सुने मेरी मनःस्थिति भाँप ली और रगुवा से जैसे छीनकर मुझे अपने पास खींच लिया।

जाने स्नेह में ऐसा क्या कुछ होता है कि मैं एक बार फिर खुलकर रो पड़ा, "भाई साहब!"

और एक बार फिर माँ ने मुझे चुपचाप सीने से लगाकर भींच लिया।

कई मिनट बाद रगुवा ने जैसे अपनी उपस्थिति का अहसास कराने के लिए ही कहा था, "कोई खतरे की बात नहीं है माँजी, बाबूजी ने जरा ज्यादा पी ली है। जसपुर के लोग लादकर लाए हैं।"

"जा, जा, अपना काम कर।" माँ ने उसे बुरी तरह झिड़क दिया था, जैसे उन्हें सब मालूम हो या जैसे वे इस अप्रिय प्रसंग पर कोई बात न सुनना चाहती हों। रगुवा 'हें-हें' करता हुआ चला गया था, लेकिन मेरे लिए एक और सवाल छोड़ गया था कि भाई साहब ने क्या चीज़ ज़्यादा पी ली है?

...क्या शराब? मैंने अपने आप ही सवालिया उत्तर दिया था। क्योंकि स्त्रीलिंग में, पीने के सन्दर्भ में मैंने केवल शराब का नाम सुना था। केवल नाम! रूप, गुण और स्वाद के भेद से पहचानता उसे भी नहीं था। कई बार माँ पिताजी पर बिगड़ा करती थीं, 'तुम आज फिर शराब पीकर घर में आए हो! मैंने तुमसे हज़ार बार कहा कि मैं तुम्हें इस घर में शराब पीकर नहीं घुसने दूँगी। बाहर तुम मुर्गे काटो, तीतर बनाओ, मैं तुम्हें नहीं रोकती, लेकिन घर में...'

फिर भी उक्त सन्दर्भ में एक शंका उठ खड़ी होती थी कि मैंने पिताजी को तो कभी ऐसी हालत में नहीं देखा। शराब पीने के बाद उन के मुँह में तो कभी झाग नहीं देखे, वे तो कभी बीमारों की तरह खाट पर नहीं डाले गए; बल्कि वे तो तुर्की-ब-तुर्की माँ से बहस करते थे। कभी-कभी दो-चार शेर सुनाते या लड़ते थे और अन्त में अपना-सा मुँह लेकर बाहर चले जाते थे।

फिर क्या भाई साहब ने कुछ और चीज़ पी है? मैं माँ से पूछना चाहता था पर उसी समय बैठक से ज़ोर-ज़ोर से आवाज़ें आने लगीं। तत्काल माँ मुझे लेकर उस कमरे की तरफ़ चली गईं जो बैठक के पास पड़ता था। पिताजी चीख़-चीख़कर गालियाँ दे रहे थे, "हरामज़ादे, आज मैं तुझे पिलाऊँगा! साले ने ज़िन्दगी को शराबखाना बना लिया है। सूअर के बच्चे, बदज़ात! आज मैं तेरी खाल खींचकर भुस भर दूँगा।...ला बे, लाठी उठा।"

और इसके बाद 'सड़-सड़' लाठियों के मारे जाने की ध्वनियाँ और भाई साहब की दर्द-भरी आवाज़ें 'पिताजी, अब नहीं पीऊँगा...पिताजी, अब माफ़ कर दीजिए' कानों में आने लगी थीं।

हर लाठी की आवाज़ के साथ मेरा दिल दहल जाता और मैं माँ की गोदी में बैठा-बैठा काँप उठता। मगर हर कम्पन के साथ माँ मुझे सीने से लगा लेतीं। हर आवाज़ के साथ भाई साहब माफ़ी माँगते और हर माफ़ी के बाद मुझे ऐसा लगता कि अब पिताजी ज़रूर माफ़ कर देंगे। पर भाई साहब ने कम-से-कम बीस बार माफ़ी माँगी और पिताजी ने कम-से-कम इक्कीस लाठियाँ मारीं। अन्तिम लाठी पर मैंने सोचा था कि भाई साहब को अब माफ़ी नहीं माँगनी चाहिए। शायद पिताजी इसीलिए और मारते हैं। और एक क्षण के लिए मुझे यह भी लगा था कि भाई साहब ने माफ़ी नहीं माँगी है, इसीलिए पिताजी ने उन्हें मारना बन्द कर दिया है।

मगर बात बिलकुल दूसरी थी। मुझे पता भी नहीं चला था कि माँ कब मुझे अलग बिठाकर बाहर निकल गईं। अचानक बाहर से उनकी तेज़ आवाज़ आनी शुरू हो गई थी, "हत्यारो,

तुम डूब क्यों नहीं मरते? तुम्हारी आँखों में पत्थर पड़ गए हैं? तुम्हें दिखाई नहीं दे रहा है कि यह राक्षस शराब पीकर मेरे बच्चे को जान से मारने पर तुला है! और तुम तमाशा देख रहे हो?"

माँ की आवाज़ सुनकर मैं अन्दर बैठा-बैठा रोने लगा था।

लोग माँ को समझा रहे थे। कुछ सफ़ाई दे रहे थे। ओख़्खो भाई साहब बता रहे थे, "चन्दन को बचाने के चक्कर में पाँच-सात लाठियाँ तो ओख़्खो जी मेरे पर ही पड़ गईं।" शायद वे अपनी कलाई दिखाने को भी कह रहे थे। पर मैं रो रहा था, रोए चला जा रहा था। मुझे यह भी लग रहा था, भाई साहब के इतने सारे दोस्त, इतने सारे प्रशंसक, सब कहाँ मर गए? उन्होंने क्यों नहीं आकर पिताजी को रोका?

माँ की बात ने मेरी भावनाओं को भड़का दिया था, मगर साथ ही पिताजी की भावनाओं को भी। उन्हें माँ से यह उम्मीद नहीं थी कि वे सहसा बाहर आकर उन्हें और उनके दोस्तों को इस प्रकार ज़लील करने लगेंगी। खुद मेरी याद में माँ को इस प्रकार बाहर निकलकर चिल्लाना पहली घटना थी। इसलिए पिताजी का पारा एकदम आसमान पर चढ़ गया था और गले की सारी ताक़त से चिल्लाकर उन्होंने कहा था, "हरामज़ादी, तू यहाँ क्या करने आई है? तेरा क्या मतलब है यहाँ आने का?"

"मेरा क्या मतलब है...?" माँ ने दाँत किचकिचाकर केवल इतना ही कहा था। बाक़ी शब्द उनकी हिचकियों और आँसुओं में डूबकर बह निकले थे, "मेरी कोख का जाया नहीं है, तो मेरा कुछ नहीं है? मैं सौतेली माँ हूँ तो उसे मर जाने दूँ? राक्षस...

ज़ालिम...मुझे ये मालूम नहीं था कि सगा होने का यह मतलब होता है! अगर तू इसका सगा है तो ईश्वर की क़सम, मैं सौतेली बहुत अच्छी हूँ...।''

माँ बहुत देर तक रोती और जाने क्या-क्या कहती रही थीं। उनकी हिचकियों में उनके शब्द साफ़ सुनाई नहीं दे रहे थे। बाद में उनकी आवाज़ कुछ धीमी हो गई थी। शायद वे चबूतरे के दूसरी तरफ़ चली गई थीं जहाँ भाई साहब की चारपाई पड़ी थी। काफ़ी देर बाद भाई साहब ने घुटी हुई आवाज में उन्हें पुकारा था–'बीजी!' और मैंने सुना था, भाई साहबकभी बीजी और कभी भैनाजी का नाम ले-लेकर कुछ बड़बड़ा रहे हैं।

भाई साहब लगभग बेहोश अवस्था में घर उठाकर लाए गए थे। उनकी चारपाई आँगन में डाल दी गई थी। ऊपरवाली चाची से पंखा झलने को कहकर माँ हल्दी और दूध गरम करने लग गई थीं। रगुवा कोई तेल ढूँढ़ रहा था। मैं चुपचाप बैठक की तरफ़वाले कमरे से उठकर आँगन के पास आ गया था और थमले से लगा खड़ा था। शायद मैं खाट के पास तक जाने का साहस बटोर रहा था, या शायद मैं किसी अज्ञात कारण से डर रहा था। पर मैं भाई साहब को निकट से देखना चाहता था। मैं यह जानना चाहता था कि उन्हें कितनी चोट लगी है।

तभी नटखट मुझे बुलाने आ गई। बोली, ''चल, अभी चल, भाभी ने बुलाया है।'' भाभी यानी मंडावलीवाली भाभी। उन्हें कितना प्यार मैं करता हूँ, पर मैं उस समय जाने की मनःस्थिति में नहीं था। मुझे लगता था, मेरे जाने से कहीं कुछ

गड़बड़ हो जाएगा। किन्तु उसी समय माँ की नजर–शायद बहुत देर बाद–मेरे ऊपर पड़ी थी। एक क्षण के लिए उनकी आँखों में बहुत-सा लाड़ उमड़ा था और दूसरे ही क्षण आवाज़ में स्वाभाविक दृढ़ता लाते हुए उन्होंने कहा था, "हाँ, हाँ, चला जा। क्या हर्ज़ है!"

माँ की आवाज़ ऐसी थी कि मैं मना नहीं कर सका। चुपचाप नटखट के साथ हो लिया।

कब हवेलियों का कच्चा गलियारा पार हुआ और कब नटखट के साथ नाली फलाँगकर मैं मंडावलीवाली भाभी के कच्चे अहाते में जा खड़ा हुआ, मुझे कुछ याद नहीं। बस, इतना याद है कि भाभी दोनों हाथों से कसीदे का घेरा लिये कोई फूल काढ़ने की कोशिश कर रही थीं।

मैं बहुत छोटा था। नटखट से तीन-चार साल बड़ा। फिर भी देवर होने के नाते भाभी मुझसे 'तुम' कहके आदर के साथ बोलती थीं।

"बैठ जाओ, लाला!" उन्होंने बड़े प्यार के साथ कहा और खुद वह घेरा एक ओर रखकर रसोईघर में चली गईं। जब वे लौटीं तो उनके हाथ में खीर से भरा एक कटोरा था जो उन्होंने बिना कुछ कहे मेरे हाथ में पकड़ा दिया।

भाभी के यहाँ जब भी खीर बनती, वे मेरे लिए ज़रूर भेजतीं। उस दिन दोपहर को नहीं भेजी थीं, इसलिए शाम को खिला रही थीं–उस समय मैंने यही सोचा था और यही सोचकर मैं खीर खाने लगा था।

सदैव हँसती रहनेवाली चंचल भाभी उस समय बहुत उदास लग रही थीं। वे कुछ बोल नहीं पा रही थीं। इसलिए मुझे अचानक लगा कि भाभी से वह बात मालूम करूँ जो माँ और

पिताजी की लड़ाई से उभरकर मेरे भीतर बहुत देर से अकुला रही है।

"अच्छा, भाभी, ये सौतेली माँ कैसी होती है?" मैंने पूछा।

"एँ!" भाभी सहसा चौंक पड़ीं, जैसे उस मनःस्थिति में वे किसी प्रश्न की उम्मीद न कर रही हों। फिर अचानक बोलीं, "तुमने कुछ पूछा था?"

"हाँ, भाभी," मैंने फिर कहा, "ये सौतेली किसे कहते हैं?"

"सौतेली!" उन्होंने दुहराया, "सौतेली माँ?"

"हाँ," मैंने उन्हें जैसे सहारा दिया।

"सौतेली का मतलब होता है–जो सगी माँ न हो।" भाभी को खुद लगा कि वे अपनी बात साफ़ नहीं कर पा रही हैं। इसलिए फिर बोलीं, "अब जैसे तुम हो। तुम चाचीजी के पेट से पैदा हुए हो, मगर तुम्हारे भाई साहब चाचीजी के पेट से पैदा नहीं हुए हैं। वे तुम्हारी पहली माँ यानी तुम्हारे पिताजी की पहली पत्नी के पेट से पैदा हुए थे। इस तरह चाचीजी तुम्हारे भाई साहब की सौतेली माँ हुईं।"

"क्या सगी माँ बहुत बुरी होती है?"

"नहीं जी! सगी माँ क्यों बुरी होने लगी?"

"तो क्या सौतेली माँ बुरी होती है?"

"हाँ; कोई-कोई सौतेली माँ बुरी होती है," भाभी ने बहुत सोचते हुए धीरे-धीरे कहा और फिर जैसे थोड़ी-सी दुविधा पार करते हुए बोलीं, "मेरी भी एक सौतेली माँ है, लाला। उसने मुझे बहुत दुख दिया है।"

मैं भाभी के चेहरे पर उभर आई विषाद की छाया देखकर अपना अगला प्रश्न भूल गया था। मगर तभी भाभी

सहज हो उठीं और बोलीं, "पर सभी सौतेली माँ एक-सी नहीं होतीं। अब हमारी चाचीजी ही हैं। तुम्हारे भाई साहब को कितना प्यार करती हैं!" कहते-कहते भाभी के नेत्र सजल हो आए।

"भाई साहब भी तो उन्हें बहुत प्यार करते हैं," मैंने भाई साहब का पक्ष सुदृढ़ करने के लिए कहा।

भाभी समझ गईं और मुस्करा दीं। बोलीं, "उनका क्या, वे तो तुम्हें भी बहुत प्यार करते हैं। करते हैं न?"

"हूँ," मैंने बड़े रौब से गरदन हिलाई।

"अच्छा, और किस-किसको करते हैं–बताओ तो जरा?" भाभी ने मेरे ज्ञान की परीक्षा लेनेवाले अन्दाज़ में पूछा, मगर उत्सुकता से वे आगे खिसक आईं।

"और..." मैंने सोचते हुए उत्तर दिया, "कल्यान चाचा और विजीश को।"

"और?" भाभी ने पूछा।

"माँ को।"

"और?"

"यादराम...नहीं पिताजी को भी।" मगर पिताजी का नाम लेते ही जैसे मेरी ज़बान को लक़वा मार गया और मैं कहीं और खो-सा गया।

मगर भाभी बराबर पूछती ही रहीं, "और...और?"

और मैं कोई उत्तर न दे सका। मेरा 'मूड' बिगड़ गया था। पिताजी की याद ने सब चौपट कर दिया था।

नटखट चक्की पर जा बैठी थी और बिना अनाज डाले घड़-घड़, घड़-घड़ किए जा रही थी। कोई ऐसी ही चक्की मेरे दिमाग़ में भी चल रही थी। और मुझे लगा, शायद ऐसी ही चक्की भाभी

के दिमाग़ में भी चल रही है, क्योंकि वे भी सहसा ख़ामोश हो गई थीं। एक और भी गहरी उदासी की छाया फिर उनके चेहरे पर आ बैठी थी।

मैंने कहा, "मैं चलूँगा।"

"अरे!" भाभी जैसे चौंक उठीं और अचानक उनके मुँह से निकला, "अब कैसी तबीयत है उनकी?"

"किनकी?" मैंने पूछा था, क्योंकि मुझे गुमान भी नहीं था कि भाभी तक भाई साहब के पिटने की बात पहुँच गई होगी और न मैं चाहता था कि यह बात उन तक पहुँचे। आश्चर्य कि उस समय यह बात मेरे दिमाग़ में नहीं आई कि भाभी ने मुझे उनकी ख़ैरियत पूछने के लिए ही बुलाया है—खीर खिलाने के लिए नहीं।

भाभी एक मिनट के लिए ऐसी ठगी-सी खड़ी रह गईं, जैसे उनकी कोई चोरी पकड़ ली गई हो! लेकिन मेरी ओर देखकर वे फिर आश्वस्त हुईं और बोलीं, "तुम्हारे भाई साहब की।"

"अच्छी है," मैंने यूँही कहा और उठ खड़ा हुआ।

लौटते में, नाली पर खड़े अमरूद के पेड़ से उचककर पत्ता तोड़ते हुए मुझे खयाल आया कि आज भाभी भी इसीलिए इतनी खोई-खोई-सी थीं। इसीलिए वे अजीब बहकी-बहकी और बेसिलसिलेवार बातें कर रही थीं। उदाहरण के लिए...और उदाहरण ढूँढ़ते में मैं गड़बड़ा गया। मुझे लगा, भाभी ने बातें ही कहाँ कीं? बातें तो मैं ही कर रहा था। भाभी ने तो सिर्फ़ कुछ पूछा था। हाँ, यह कि तुम्हारे भाई साहब और किस-किसको प्यार करते हैं? और मैं ही बहक गया था, मेरा उत्तर कल्यान चाचा के बाद पिताजी पर आकर ख़त्म हो गया था, जबकि असल

बात यह है कि भाभी का नाम उसमें सबसे ऊपर होना चाहिए था।

मैं फ़ौरन लौट पड़ा। भाभी अभी तक वैसे ही दोनों हाथों में फ्रेम का घेरा लिये बैठी थीं। मुझे देखकर बोलीं, "अरे, तुम आ गए!"

"भाभी, तुमने पूछा था...?" मैंने सीधा सवाल किया।

"हाँ, हाँ!" भाभी ने प्रश्न को तुरन्त सन्दर्भ से जोड़ते हुए उत्सुकता से गरदन हिलाई।

"तो बताऊँ? भाई साहब सबसे ज़्यादा प्यार मुझे करते हैं, फिर तुम्हें, फिर माँ को, फिर कल्यान चाचा को..." और आगे पिताजी का नाम लेते हुए मैं अटक गया था।

"हट!" उन्होंने पहली बार मुझे अनादरसूचक शब्द से सम्बोधित किया था। लेकिन मैंने चौंककर देखा था कि उनका चेहरा एकदम स्वाभाविक और फूल की तरह ताज़ा हो आया है। थोड़ी देर पहले छाई उदासी उनके मुँह से ग़ायब हो गई और वे मुस्कराने लगी हैं।

मैं लौटने लगा तो उन्होंने हाथ बढ़ाकर मुझे पकड़ लिया, बोलीं, "थोड़ी खीर और खानी पड़ेगी—समझे?" और वे जल्दी से रसोईघर से पतीली उठा लाईं जिसमें मुश्किल से एक छोटी कटोरी खीर बची थी।

हमारी हवेली में दो चौक थे—एक पश्चिम की तरफ़, दूसरा पूरब की तरफ़। पश्चिम के चौक के बाद छोटे चाचाजी की हवेली थी और पूरब के चौक के बाद बीच में एक सँकरा-सा रास्ता छोड़कर हमारी बैठक थी, जहाँ पिताजी का अनवरत बोलनेवाला हुक़्क़ा और मुक़दमों की चर्चाएँ चला करती थीं।

उस रात को बहुत देर तक पिताजी घर नहीं आए थे। न उस रोज खाना बना था और न हमेशा की तरह पिताजी की बुलाहट हुई थी। भाई साहब की खाट आँगन से कमरे में पहुँच गई थी।

माँ ने उस दिन न कुछ पकाया, न खाया। यह जान लेने के बाद कि मैंने भाभी के यहाँ दो कटोरे खीर खा ली है, वे मेरी ओर से पूर्ण निश्चिन्त हो गई थीं। बड़े गिलास का सारा दूध पिलाकर और मुझे पूर्वी और पश्चिमी चौक के बीचवाले कमरे में लिटाकर वे भाई साहब के पास आ गई थीं और बैठी-बैठी उनके सिर पर हाथ फेर रही थीं। भाई साहब बीच-बीच में कुछ बोलते और रह-रहकर सुबक उठते थे।

मैं पड़ा-पड़ा यह सोच रहा था कि यदि मेरी भी कोई सौतेली माँ होती तो कैसी होती? अच्छी होती तो शायद मुझे इतना ही प्यार करती जितना माँ भाई साहब को करती हैं। बुरी होती तो शायद भाभी की माँ की तरह मुझे भी दुख देती।...फिर मैं सोचने लगा कि भाई साहब माँ को माँ क्यों नहीं कहते, बीजी क्यों कहते हैं? क्या सौतेली माँ को बीजी कहा जाता है? भाभी से पूछूँगा।

उसी समय दुबारी का बड़ा दरवाज़ा खुला और यादराम पिताजी का हुक़्क़ा लिये हुए अन्दर आया।

"इस तोप को एक तरफ़ फेंक दे।" मैंने माँ को कहते सुना। वे पिताजी के हुक़्क़े को तोप कहा करती थीं।

"माँजी, अभी मुरादाबाद से मुंशीजी आए हैं।" यादराम ने जैसे कोई रहस्य उद्घाटित करते हुए कहा था।

"तो मैं क्या करूँ?" माँ ने अपना गुस्सा मुंशीजी पर उतारते हुए कहा, "मैं इस समय उनके लिए टिक्कड़ नहीं बेलूँगी।"

"जी, चौधरी साहब और वे दोनों अन्दर आ रहे हैं," कहकर

यादराम पूर्वी चौकवाले बड़े कमरे की तरफ़ चला गया, जिसका एक दरवाज़ा सीधे बाहर की बैठक की दिशा में खुलता था और जिसे वक़्त-बेवक़्त पिताजी बैठक के लिए भी इस्तेमाल कर लिया करते थे। मगर पिताजी उस रास्ते से नहीं आए।

"माँजी, सलाम!" मुंशीजी ने हवेली के चौक में क़दम रखते हुए दूर से ही माँ को सलाम किया था। उत्तर में माँ कुछ धीरे से बुदबुदाईं, जिससे मुंशीजी को सन्तोष नहीं हुआ। हालाँकि उम्र में मुंशीजी माँ से कुछ बड़े ही थे और छाती पर झूलती हुई उनकी दाढ़ी उन्हें और भी बुजुर्ग बना देती थी, फिर भी माँ का आशीर्वाद प्राप्त किए बिना वे टलते नहीं थे।

"क्या कर रही हैं, माँजी?" उन्होंने दूसरा सवाल किया।

माँ शायद समझ गई थीं कि उन्हें उत्तर देना ही पड़ेगा। वे मुंशीजी को खूब जानती थीं। पिछले

आठ-दस वर्षों से वे पिताजी के साथ थे। हालाँकि कहने को वे हमारे कारिन्दे थे, मगर उनका मुख्य काम था पिताजी के उन मुक़दमों की पैरवी करना जो मुरादाबाद और बिजनौर ज़िलों की कचहरियों में आए दिन चलते रहते थे। पिताजी उनके बारे में बड़े गर्व से कहा करते थे, 'मुझे फ़ख्र है कि मैंने कोयलों के ढेर से हीरा खोजा है।'

मुंशीजी का पूरा नाम अतीकुर्रहमान अंसारी था और घर सैदपुरी में होने के बावजूद उनका स्थायी पता मार्फ़त कचहरी, ज़िला बिजनौर माना जाता था। वे क़ौम के जुलाहे थे और हमारे यहाँ कारिन्दा होने से पहले लोगों के मुक़दमों की पैरवी या पेशकारी किया करते थे। आसपास के गाँवों के जान-पहचान के व्यक्ति और अनजान लोग, जिन्हें गवाहों की ज़रूरत पड़ती या जो पुलिस की कृपा से पहली बार किसी मुक़दमों में फँस जाते, मुंशीजी की शरण में जाते थे। और मुंशीजी सिर्फ़ बिजनौर तक के किराए और रबड़ी के मेहनताने पर सदा-सर्वदा मुस्कराते हुए हर एक की सहायता के लिए तत्पर रहते थे।

'लेकिन,' पिताजी ने एक दिन माँ को बताया था, 'मुंशी अतीकुर्रहमान लोगों के मुक़दमों के चक्कर में चाहे बिजनौर के सारे हलवाइयों की दुकानों की रबड़ी चख चुके हों, लेकिन मुंशाइन का शरीर ढँकने को पूरा कपड़ा कभी नहीं जुटा पाए।'

उसी दिन पिताजी ने मुंशीजी की ग़रीबी के साथ उनकी ईमानदारी, अख़लाक और क़ाबलियत पर भी कुछ रोशनी डाली थी। शायद उसी दिन उन्होंने मुंशीजी को मुरादाबाद का कोई बड़ा काम सुपुर्द किया था। उस समय मैं मुश्किल से तीन-चार साल का रहा हूँगा। इसीलिए मुझे सिवाय उनकी मेहँदी रची दाढ़ी के और बातें ठीक-ठीक याद नहीं हैं।

हाँ, इतना मुझे अब भी याद है कि मुंशीजी ने कभी किसी से कड़वी बात नहीं कही, कभी किसी पर गुस्सा नहीं किया और कभी किसी को नाराज़ नहीं किया।

हालाँकि कई बार मुंशीजी ने पिताजी के लिए काश्तकारों की ज़मीनें हड़पीं, उन्हें बेदख़ल कराया या किसी पर सौ के बदले हज़ार रुपए की नालिश ठोक दी, मगर मीठे वे फिर भी बने रहे। अनेक ऐसे मौक़े भी आए जब मुंशीजी की उन लोगों की गालियाँ, धमकियाँ और जूते तक बरदाश्त करने पड़े। एक बार तो अपने भिक्खन चमार ने ही उन्हें स्टेशन से आते हुए, रास्ते में, मूँगड़पुर गाँव के ठीक बीचोबीच पकड़कर दस जूते मारे थे, जिसकी खबर पिताजी को अगले दिन स्टेशन जाते हुए उस गाँव के लोगों से मिली थी। पिताजी बहुत बिगड़े थे। मुंशीजी ही किसी को सुना रहे थे, 'भाई मेरे, इतनी नाज़ुक और इतनी खूबसूरत गालियाँ मैंने चौधरी साहब की ज़ुबान से पहली बार सुनीं। तारीफ़ यह कि किसी गाली को उन्होंने दुहराया तक नहीं, लेकिन भिक्खन के ख़ानदान में उसकी दादी से लेकर पोती तक कोई भी उनकी गालियों की चपेट से बचा नहीं...वे तो उसी वक़्त ताँगा वापस लौटाने को कह रहे थे, मगर मैंने सोचा कि ये तो ठहरे ज़मींदार, इनका क्या बिगड़ेगा! जाएँगे और उठाकर दस-बीस बेंत या जूते चमट्टे के सिर पर दे मारेंगे। मगर खुदा-न-ख़ास्ता अगर कहीं साला मर-वर गया तो बँधा फिरूँगा मैं। लिहाजा मैंने हाथ जोड़कर अर्ज़ की, कि सरकार, उसका किया उसके सामने आएगा। आप बिजनौर तशरीफ़ ले चलिए, आज मुक़दमे की तारीख़ है।'

मगर इस सारी मिठास और उदारता के बावजूद कुछ लोग उन्हें कोसने से बाज़ नहीं आते थे। भिक्खन चमार कहा करता

था, 'बड़ा जहरी है साला। ऊपर से तसबीह घुमाता रहवै है और मन-ही-मन लोगों की जड़ खोदता रहवै है। चौधरी साहब साफ तबीयत के आदमी हैं, मगर यह कमीन बड़ा फितना है। मुसल्टा अगर मीठा हो तो जान लो, उसमें सैतान का बास है।' मगर मैं खुद भिक्खन की इस बात से सहमत नहीं था, क्योंकि मैं आज भी ख़ामख़ाह मुंशीजी की बातों में नहीं खो गया हूँ। दरअसल उनका व्यक्तित्व ही इतना आकर्षक था कि उसकी थोड़ी-सी तुलना उनकी दाढ़ी के मुलायम मगर उलझे हुए बालों से की जा सकती थी। मैंने कई मौक़ों पर उन्हें पिताजी और माँ के झगड़ों में जज की भूमिका अदा करते देखा था। मगर आश्चर्य कि उन्हें फ़ैसला देते कभी नहीं सुना था, न इन दोनों में से कभी किसी फ़रीक़ को असन्तुष्ट या नाराज़ लौटते देखा था। वे माँ और पिताजी दोनों के राज़दार थे और दोनों के नौकर।

उस दिन भी, आज वर्षों के अन्तराल के बाद, मैं सोचता हूँ—पिताजी ने ज़रूर मुंशीजी को भाई साहब की सारी घटना बता दी होगी। लेकिन मुंशीजी ने माँ के सामने बात को एकदम नए सिरे से शुरू किया था और बहुत देर तक उत्तर न मिलने के बावजूद हतोत्साहित नहीं हुए थे; बल्कि उन्होंने लगभग रोने की हद तक कोमल स्वरों में फिर पूछा था, "माँजी, मुझसे क्या कोई गुस्ताख़ी हुई है?"

"नहीं तो!" माँ उस आवाज़ से सहसा विचलित हो उठी थीं।

"नहीं, आज माँजी नाराज़ ज़रूर हैं, वरना देर-सवेर मेरे सवाल का जवाब जरूर देतीं।" मुंशीजी ने यह बात बहुत डूबकर अपने आप से ही कही थी, जैसे नाटकों में स्वगत-संलाप कहे जाते हैं।

इसके बाद माँ फ़ौरन खुल गई थीं, "क्या जवाब देती, मुंशीजी? तुम्हीं बताओ, क्या ये कहती कि अपने कर्मों को रो रही हूँ?"

"ख़ुदा न करे।" मुंशीजी ने पिताजी को मूढ़े पर बैठते देख, अपने लिए भी छोटी-सी मूढ़ी उठाकर माँ के दरवाज़े के पास खिसका ली थी। फिर एक लम्बी साँस खींचकर बात का सिरा पकड़ते हुए बोले थे, "अल्लाह का दिया सब कुछ है—पैसा है, नाम है, इज़्ज़त है, शोहरत है। और क्या चाहिए इनसान को, माँजी?"

"इनसान को इनसानियत भी चाहिए, मुंशीजी, कि नहीं?" माँ ने तड़ाक से सवाल किया था, जैसे वे फ़ौरन हिसाब-किताब साफ़ कर लेना चाहती हों।

मुंशीजी क्षणभर के लिए हतप्रभ होकर अपने गिरेबान में झाँकने लगे। शायद उन्हें अपने ज़मींदार की अनपढ़ और घमंडी बीवी से ऐसे उत्तर की आशा नहीं थी।

बहुत देर बाद उन्होंने एक लम्बा हुंकारा भरा था और बोले थे, "क़ायदे की बात पर ख़ामोश हो जाना पड़ता है। बहुत ऊँची बात कही है, माँजी, आपने। हज़रत ग़ालिब ने भी फ़रमाया है—'आदमी को भी मयस्सर नहीं इंसाँ होना'।"

आज मैं सोचता हूँ कि मुंशीजी की बात प्रकारान्तर से माँ की ही बात थी और किसी भी रूप में माँ की बात का उत्तर नहीं था। मगर माँ उनके उत्तर से बहुत सन्तुष्ट हुईं और उन्होंने तत्काल मुंशीजी को अन्दर भाई साहब के पलँग के पास बुला लिया था।

"ज़रा देखिए तो," माँ ने धीरे से शायद भाई साहब की पीठ उघाड़कर दिखाई थी। और मुंशीजी बारम्बार 'तौबा

अस्तग़फ़ार' कहते हुए कुछ देर बाद माँ के साथ बाहर निकल आए थे।

भाई साहब सो रहे थे। दर्दनाशक तेल की मालिश और हल्दी-दूध का प्रभाव था या माँ के स्नेह-रंजित स्पर्श का, पता नहीं!

माँ और पिताजी का मुक़दमा शुरू हो चुका था। पूर्वी चौक की कोनेवाली बैठक में सबने अपना-अपना स्थान ग्रहण कर लिया था। पिताजी अपना बयान दे चुके थे। बीच-बीच में जिरह भी हुई होगी। माँ ने और जज की हैसियत से शायद मुंशीजी ने भी कुछ सवाल पूछे होंगे। लेकिन उस वक़्त मैं सो रहा था।

मेरी आँख बन्दूक की गोली छूटने की आवाज़ सुनकर खुली थी। मैं एक स्वप्न देख रहा था–भाई साहब एक बहुत खूबसूरत छोटा-सा ख़रगोश मारकर लाए हैं। ख़रगोश आँगन में पड़ा है। मैं भाई साहब की बग़ल में खड़ा हुआ उसके नर्म रोएँदार शरीर पर हाथ फेर रहा हूँ। सहसा उसके

शरीर में हरकत होती है। वह छटपटाने लगता है। भाई साहब उसे गोद में उठाकर दाईं करवट देकर लिटा देते हैं और पुचकारकर पूछते हैं, 'देखूँ बेटे, कहाँ गोली लगी है!' और वे उसके नर्म सफ़ेद बालों को सहलाते हुए उन्हें उलट-उलटकर ज़ख़्म खोजने लगते हैं। अचानक अगली टाँगों की सीध में, दाएँ पुट्ठे पर खून का एक बड़ा-सा लाल धब्बा नज़र आता है। मैं और भाई साहब दोनों चौंक उठते हैं। छुअन की पीड़ा से तिलमिलाकर ख़रगोश गेंद की तरह गोद से उछलकर चौक में जा गिरता है और फिर छटपटाने लगता है। उसी वक़्त जाने कहाँ से पिताजी आते हैं। हम दोनों पर बिगड़ते हैं, 'तुम लोग ख़ामख़ाह इसे तड़पा-तड़पाकर मार रहे हो।' और आगे बिना कुछ कहे, वे अचानक पास रखी बन्दूक उठाते हैं। ख़रगोश पर निशाना साधकर गोली छोड़ते हैं–धाँय!

और मेरी आँख खुल जाती है।

यद्यपि मैं समझ जाता हूँ कि गोली नहीं छूटी, बल्कि बराँडे की दीवाल-घड़ी ने साढ़े ग्यारह का घंटा बजाया है, तथापि काफ़ी देर तक मैं पसीने-पसीने रहा आता हूँ और आँगन में छटपटाता हुआ ख़रगोश मेरी चेतना में अटका रह जाता है।

माँ अभियोग लगा रही थीं।

"मेरी आँखों के सामने इन्होंने मार-मारकर लड़के को खाट पर बिछा दिया। उसकी जेब से निकालकर भरी हुई बोतल उसके सिर पर फेंक मारी...अगर लग जाती तो? अगर लड़के को कुछ हो जाता तो...?" और इस 'तो' की आशंका से माँ का कंठ भारी हो आया था। मगर तत्काल ही संयत होते ही उन्होंने फिर अपना बयान शुरू कर दिया, "और ये सब किसलिए? यह गुस्सा, यह

ताव किस बात पर? सिर्फ़ इसलिए कि लड़के ने शराब पी ली थी? अगर शराब इतनी बुरी है तो खुद क्यों पीते हो? क्यों अब तक भी तुम्हारी हविस नहीं भरी? आज ही, अगर यह फ़साद न हो गया होता तो देखते...शाम से ही बोतल खुल गई होती। मैं जानती हूँ,...हर बार यही होता है...। जब बिजनौर से आएँगे, झोले में शराब की बोतल ज़रूर होगी। छोटे ने कई बार पूछा कि पिताजी अपना झोला क्यों नहीं देखने देते? अब बताओ, मैं उससे क्या जवाब दूँ और कब तक छिपाऊँ? अब वह बड़ा हो रहा है, उस पर क्या असर पड़ेगा?" माँ अपने बयानों में कभी पिताजी और कभी मुंशीजी और कभी दोनों को एक साथ सम्बोधित कर रही थीं। एक क्षण रुककर माँ ने फिर कहा, "खुद तो उचक्की करते हैं और लड़के से आशा करते हैं साधु बनने की!"

सहसा पिताजी गरम हो उठे थे। मुझे सुनाई नहीं दिया कि उन्होंने क्या कहा, लेकिन माँ के उत्तर से अनुमान लगा सकता हूँ कि पिताजी ने उनसे ममता का नाटक बन्द करने के लिए कहा था और शायद सौतेली माँ का सवाल उठाया था।

लेकिन माँ भी उतनी ही गरम हो उठी थीं, "ज़बान बन्द कर राक्षस, वरना तेरा मुँह नोंच लूँगी। तू मेरी ममता को नाटक कहता है! मैं अपने बच्चों से मुहब्बत का नाटक करूँगी? यह है तेरी शायरी, यही है तेरा शऊर, जिसकी दिन-रात दुहाई देता है? पतन के गर्त में तूने लड़के को ख़ुद धकेल दिया और तुझे शरम नहीं आई!"

पिताजी ने फिर दाँत किचकिचाकर कुछ कहा था जो मैं फिर नहीं सुन पाया। वे धीरे-धीरे बोल रहे थे ताकि और कोई न सुन सके। लेकिन माँ चारों ओर से बेख़बर थीं। वे तड़पकर बोलीं, "तू,...तू...तू! हाँ, तूने इसे शराब पीना सिखाया है। तूने इसे अपने

हाथों से ढाल-ढाल कर भेजी है। बीसलपुर के सारे लोग गवाह हैं कि जब यह जवान भी नहीं हुआ था तो तूने इसे पास रखने के लिए गाँव में नटनियाँ बसाईं।" एक लम्बी साँस खींचकर माँ ने फिर उसी आवेश से कहना शुरू किया, "और आज मुझे आँखें दिखाते हो! मैं इनसे नहीं डरूँगी। मैंने तुम्हारे नीचे गिरने की इन्तिहा अपनी आँखों से देखी है। मैंने कोई मामूली जुल्म सहा है जो तुम्हारे दाँतों की इस बन्दर किट-किट से डर जाऊँगी? मैं भूल सकती हूँ कि तुमने ही मुरली नट को बुलाकर कहा था कि वह अपनी लड़की के डोरे में चन्दन को फाँसे रखे। बोलो, मैं झूठ बोल रही हूँ—कह दो! तुम्हारी एक-एक हरकत मेरे सीने पर एक-एक गोली की तरह नक्श है। मैंने तुम्हें कितना समझाया...मैंने तुम्हारी कितनी खुशामद की...पर तुम्हें जायदाद चाहिए थी—ससुराल की जायदाद! अब चाटो उस जायदाद को शहद लगाके!...हाय रे! मुझे सौतेली कहते हो और तुममें सगे होकर भी ज़रा-सी ममता और दया नहीं।"

माँ बड़े भयंकर इलज़ाम लगा रही थीं। मुझे लगा कि शायद मुंशीजी चले गए होंगे, क्योंकि ऐसी बातें किसी के सामने नहीं की जा सकती थीं।

बहुत देर तक ख़ामोशी छाई रही थी। कोई बोला नहीं था। लेकिन उसके बाद मुंशीजी की ही आवाज़ आई थी, "चौधरी साहब, आप ख़ामख़ाह ग़मज़दा हो रहे हैं। आप तो यह सोचिए कि आपने जो कुछ किया, बाबूजी का बहबूदी के लिए ही किया है।"

मुझे शक हुआ था, शायद पिताजी कुछ बड़बड़ाते हुए रोए हैं। दो-एक अपरिचित-सी हिचकियाँ भी सुनाई दी थीं। मुंशीजी की बात में इसकी पुष्टि भी हुई थी। लेकिन आज तक मैं इस विषय में निश्चित मत नहीं हूँ। हाँ, एक बात मेरी इस धारणा को बल

देती आई है, और वह यह कि मुंशीजी ने माँ के बयान पर पहली बार खुलेआम पिताजी का पक्ष लिया था।

इससे पहले भी अनेक अवसरों पर पिताजी और माँ की झड़पें हुई थीं। अनेक बार पिताजी ने कहा था, "तो मुंशीजी, आप जज रहे। ये मुद्दई रहीं और मैं मुद्दायला। हाँ जी, तो आ जाओ ज़रा मैदान में, और शुरू करो अपने बयान।" ये मुक़दमे प्रायः रुपए-पैसे से सम्बन्धित होते थे और इनमें अक्सर माँ की जीत होती थी। मगर मुंशीजी ने आज न सिर्फ़ पिताजी का पक्ष लिया बल्कि उनकी आवाज़ में तटस्थता के स्थान पर एक गहरा लगाव और तीख़ा दर्द था, जो केवल आत्मीयता के स्तर पर ही पैदा हो सकता है।

माँ सहसा मुलायम पड़ गई थीं। मुंशीजी ख़ामोश हो गए थे। थोड़ी देर तक फिर चुप्पी छाई रही थी।

उसी बीच जैसे मौक़ा देखकर बात गहरी हो उठी थी। पिछवाड़े के कुएँ से झींगुरों की आवाज़ें आने लगी थीं। रास्ते की पिलखन से उल्लू बोल उठा था। चमारों के मुहल्ले से कुत्तों के रोने और भौंकने की आवाज़ें शुरू हो गई थीं। सोए हुए घर का हर एक कोना सरगोशियाँ करने लगा था...और अचानक मेरे कमरे की लालटेन झड़ककर बुझ गई थी।

सुबह उठते ही यादराम ने सब चीज़ें समेटनी शुरू कर दीं–तबले की जोड़ी, हारमोनियम, कारतूस भरने की मशीन, बन्दूक और कारतूसों की पेटी, कबूतरों के लिए रतीराम बढ़ई से बनवाए गए काबक के डिब्बे, बिस्तरबन्द, दो छोटी-छोटी डलिया और एक बड़ा-सा सूटकेस। मैं सोकर उठा तो आँगन में सारे सामान का ढेर देखकर समझ गया कि भाई साहब आज मुरादाबाद जा रहे हैं।

मैंने माँ को आवाज़ लगाई, ''माँ!'' और कोई उत्तर न पाकर रसोईघर की तरफ़ चला गया। भाई साहब आसन पर बैठे हुए नाश्ता कर रहे थे। उन्होंने चिकन का नया कुरता और सफ़ेद ढीला पाजामा पहन रखा था। मगर उनके चेहरे पर थकान लिखी हुई थी। उन्होंने एक बार मेरी ओर देखा और बिना इस बात की परवाह किए कि उनके साफ़-बुर्राक कपड़े गन्दे हो जाएँगे, मुझे खींचकर अपनी गोद में बिठा लिया।

इस दुलार पर मैं अकारण रो पड़ा था। वे मुझे चुप कराने के लिए पुचकारने लगे, ''मैं तो फिर आऊँगा, भैया! बहुत जल्दी। और अब की बार तेरे लिए एक सचमुच की बन्दूक भिजवाऊँगा–चिड़िया मारनेवाली एयरगन।''

शायद मैं उनके जाने पर उतना नहीं जितना पिटने पर दुखी था, या शायद उनसे इतने व्यवधान के बाद मिलने के कारण यूँही रुलाई आ गई थी। लेकिन बन्दूक की बात पर मैं फ़ौरन चुप हो गया। कई कारण थे। एक तो भाई साहब झूठा वादा नहीं करते थे। दूसरे, इससे पहले भी एक बार उन्होंने मुझसे कहा था, 'यार! थोड़े-बहुत पैसे-वैसे जोड़ ले तो तेरे लिए एक एयरगन खरीद दूँगा। बहुत महँगी आती है।' उस समय मैंने एयरगन की क़ीमत से लेकर उसकी मार तक–सारी बातें भी पूछ ली थीं। इसलिए अविश्वास का कोई कारण न था।

''कब तक आ जाएगी?'' मैंने संयत होते हुए पूछा था।

''मुंशीजी तो आते ही रहते हैं। बस, जैसे ही मिली, उनके हाथ भेज दूँगा।'' भाई साहब ने उत्तर दिया।

''नहीं, आप खुद लेकर आएँगे।'' मैंने शर्त रखी।

''अच्छा, मैं खुद ही ले आऊँगा।'' उन्होंने तत्काल सहमति देकर बात ख़त्म कर दी थी।

मेरे पास चुपचाप गोदी से उतरकर नाश्ता करने के अलावा कोई विकल्प नहीं रह गया था। मैंने माँ की तरफ़ देखा। हालाँकि चूल्हे की लकड़ियों से कोई ज़्यादा धुआँ नहीं उठ रहा था, मगर उनकी आँखें लाल थीं।

उसी समय यादराम ने आकर कहा था, "ताँगा तैयार है।"

"अच्छा!" भाई साहब ने बुझे हुए स्वर में उत्तर दिया था, और मेरे गाल पर एक प्यार की चपत लगाते हुए खड़े हो लिए थे।

माँ भी साथ ही उठ खड़ी हुई थीं। दुबारी के दरवाज़े पर पहुँचकर भाई साहब ने माँ को हाथ जोड़े थे और जाने क्या कहकर माँ के चरण छू लिए थे। ऐसा पहली बार हुआ था। मैंने कभी भी उन्हें माँ के चरण छूते नहीं देखा था।

माँ ने खड़ा होते ही उन्हें सीने से लगा लिया था और धोती के पल्लू से आँखें पोंछती हुई अन्दर चली आई थीं। और मैं... मूर्तिवत् आसन पर बैठा हुआ दरवाज़े की ओर ताके जा रहा था। माँ आकर फिर रसोई के काम-काज में लग गई थीं, मगर मैं हिसाब लगा रहा था कि अब ताँगा कमराज तालाब से निकलकर कुम्हारों के घरों के पास पहुँचा होगा और अब क़ब्रिस्तानों के पास। अगर आगे, छोटी नदी के क़रीब कोई तीतर या हिरन मिल गया तो भाई साहब शिकार ज़रूर करेंगे।

उसी दिन मैंने माँ से पूछा था, "क्यों माँ, दरवाज़े पर खड़े होकर भाई साहब तुमसे क्या कह रहे थे?"

माँ एक क्षण को मेरी ओर देखती रह गईं। शायद सोच रही थीं, बताएँ कि न बताएँ। लेकिन दूसरे क्षण वे किसी निश्चय पर पहुँचकर बोलीं, "कह रहा था, बीजी, अब मैं यहाँ कभी नहीं आऊँगा।"

"ऐसा कैसे हो सकता है?" मैंने घबराकर तेज़ी से कहा, "मुझसे तो उन्होंने वादा किया है कि जल्दी ही..." और मेरा वाक्य पूरा भी नहीं हुआ था कि भाई साहब सचमुच रसोईघर के बाहर दरवाज़े में आ खड़े हुए थे। उन्होंने शेरवानी और पहन ली थी। बाक़ी कुरता और पाजामा वही था। हाँ, माँग न निकालकर उन्होंने बाल पीछे को बहा रखे थे और इतने सुन्दर लग रहे थे कि मैं उन्हें देखता ही रह गया।

"अरे चन्दन, तू!" माँ ने आश्चर्यचकित होते हुए पूछा था, "तू लौट आया?"

"हाँ, बीजी, मैं दरअसल आपका यह सामान भूल गया था।"

और गत्ते का एक बड़ा-सा डिब्बा माँ के हाथ में पकड़ाते हुए, बड़े संकोच के साथ उन्होंने आगे कहा, "बीजी, मैंने सोचा, यहाँ तुम्हारे लिए धोतियाँ कौन खरीदेगा? पिताजी को तो कुछ सूझ-बूझ है नहीं। इसलिए मुरादाबाद से चलते हुए मैं कुछ सस्ती-सी धोतियाँ लेता आया था।"

फिर माँ को डाँटने का मौक़ा दिए बग़ैर मुझसे बोले थे, "तूने बीजी से कुछ कहा तो नहीं था?"

"नहीं।"

मेरे बिना समझे-बूझे गरदन हिला देने पर उन्होंने आगे कहा था, "अच्छा, तो उठकर मेरे साथ आ। तेरी एयरगन पक्की।"

और मैं बिना हाथ-मुँह धोए उनके साथ हो लिया था। माँ चुपचाप बैठी देखती रही थीं।

उस बार भाई साहब तो चले गए थे, मगर अनेक प्रश्न मेरे मन

में जाग उठे थे। ये प्रश्न कुछ तो रात को माँ और पिताजी के झगड़े से, कुछ उस दिन भाई साहब को गाँव से बाहर तक विदा कर लौटते में लोगों की बातचीत से, और कुछ आए-दिन घटती रहनेवाली घटनाओं से मेरे हाथ लगे थे।

जैसे उस दिन, रात को आठ बजे के क़रीब कल्यान चाचा ओख़्ख़ो भाई साहब की खाट के पाए में रस्सी बाँधकर हमारी बैठक की छत पर जा चढ़े थे।

पिताजी उस दिन मुरादाबाद गए हुए थे और ओख़्ख़ो भाई साहब यानी भाई देवीसहायजी हस्बमामूल अफ़ीम का अंटा चढ़ाकर और मलाई खाकर हमारी बैठक के पीछेवाले घेर में आ पड़े थे। रात में यों भी उन्हें ज़रा कम दिखाई देता था। फिर अफ़ीम चढ़ा लेने के बाद तो और भी कम!

पूर्व-नियोजित योजना के अनुसार, उनके लेटते ही, पहले इन्दल ने उनके जूते उड़ा दिए थे। उसके बाद कल्यान चाचा ने धीरे-धीरे रस्सी खींचनी शुरू की थी। ओख़्ख़ो भाई साहब पहले कुछ बड़बड़ाए थे। मगर तभी रस्सी ढीली कर दी गई और ज़मीन से उठा हुआ खाट का पाया ज़मीन पर आ लगा था।

मुझे इस खेल में बड़ा मज़ा आ रहा था। बार-बार ओख़्ख़ो भाई साहब की खाट का पाया ज़मीन से उठता, खाट टेढ़ी होती, वे गिरने-गिरने को होते कि खाट फिर सीधी हो जाती।

बहुत देर तक तो ओख़्ख़ो भाई साहब शायद इस खेल को अपनी अफ़ीम का चमत्कार मानते रहे; पर जब खेल रुकने में ही नहीं आया तो वे सहसा खाट से उठ खड़े हुए और अपने जूते टटोलने लगे। बस, यहीं सारा खेल ख़त्म हो गया, क्योंकि जूतों के बजाय पाए में बँधी रस्सी उनके हाथ में आ गई थी। उन्होंने बड़बड़ाना शुरू कर दिया था, "ओख़्ख़ोजी ओख़्ख़ो, मैं समझ गया

हूँ। ओख़्ख़ोजी चन्दन, ये मज़ाक अच्छी नहीं है। तुम जब भी आते हो, ऐसी ही हरकत करते हो। ओख़्ख़ोजी ये कोई बात है! भगवान की दुआ से तुम्हारे पास इतनी जायदाद है, दौलत है, मुरादाबाद शहर में इतना आलीशान मकान है...फिर भी ओख़्ख़ोजी मेरे जूतों के बिना तुम्हारा पेट नहीं भरता।...और कल्यान के बच्चे, तू भी है! ओख़्ख़ोजी तुझे तो मैं कल देख लूँगा। जब देखो, मुझसे ही मज़ाक करता है। अबे तेरे बाप की उमर का हूँ–ओख़्ख़ोजी कोई कम नहीं हूँ।"

उस दिन मुझे पहली बार मालूम हुआ था कि भाई साहब के पास आलीशान मकान, दौलत और बहुत-से नौकर-चाकर भी हैं! मगर ऐसा क्यों है–यह मेरी समझ में नहीं आ रहा था। और यही सोचने में मुझे इतना भी ध्यान नहीं था कि दूसरी तरफ़ से ओख़्ख़ो भाई साहब का पोता आ रहा है। इसीलिए इन्दल ने ओख़्ख़ो भाई साहब के जूते उनकी खाट की ओर फेंक दिये हैं और कल्यान चाचा रस्सी वहीं छोड़कर खिसक लिए हैं।

मगर ओख़्ख़ो भाई साहब ने भी मेरी जानकारी में इज़ाफा करके एक सवाल ही खड़ा किया था, जवाब नहीं। ठीक उसी प्रकार जिस प्रकार कल्यान चाचा ने यह बताकर मुझे उलझा दिया था कि मुंशीजी अब चन्दन भाई के नौकर हैं। मैं इन बातों में एकदम खो जाता था। मेरी समझ में नहीं आता था कि लोग हममें ही यह अलगाव क्यों मानते हैं? क्यों उनकी हर चीज़ तो उनके बाप की भी है और क्यों भाई साहब की कोई चीज़ मेरी या पिताजी की नहीं है?

बहुत दिनों तक ये और इनसे सम्बद्ध अनेक सवाल इकट्ठे

होकर मुझे परेशान करते रहे और मैंने जितना ही इस समस्या को सुलझाने की कोशिश की, उतनी ही यह उलझती गई थी।

मैंने इसके समाधान के लिए बीसलपुर तक नज़र दौड़ाई। मगर इसके विपरीत नए-नए प्रश्न पैदा होते गए।

...बीसलपुर ज़िला मुरादाबाद की सम्भल तहसील का एक बहुत बड़ा गाँव था, जो हमारी ज़मींदारी में समझा जाता था। वहाँ हमारी बहुत लम्बी-चौड़ी काश्त थी और बड़ी अच्छी पैदावार होती थी। हर साल गर्मियों में हम वहाँ जाया करते थे। हमारा मकान, जिसे हम डेरा कहा करते थे, चार-पाँच बीघा ज़मीन में बना था और दो बराबर-बराबर हिस्सों में बँटा हुआ था। पिछले हिस्से में ज़नानख़ाना था और अगले में बैठक और मवेशीख़ाना, जिसे हम अब भी घेर कहते हैं। हर साल हमारे जाने पर, पिछला हिस्सा अनाज और कपास के ढेर से भर जाता और दो-तीन

महीने में उसे बेचकर या कोठों में भरवाकर हम लोग अपने गाँव राजपुर वापस चले आते थे।

राजपुर हमारा घर था—पुश्तैनी घर। मगर यह बात मेरी समझ में नहीं आती थी कि भाई साहब अपने घर न रहकर मुरादाबाद क्यों रहते हैं और क्यों माँ या पिताजी जब बीसलपुर जाते हैं तो मुरादाबाद में भाई साहब से मिलने नहीं जाते?

भाई साहब की चर्चा बीसलपुर में भी होती थी; बल्कि यहाँ उनके ज़्यादा क़िस्से सुनने में आते थे। अलबत्ता वहाँ उन्हें बाबूजी नहीं, छोटे सरकार कहा जाता था और शिकार से अधिक उनके शराब और नटनियों के क़िस्से सुनाई पड़ते थे, जिनमें मेरी क़तई दिलचस्पी नहीं थी।

'सारा गाँव ही उनकी रिआया है।' लोग कहा करते थे और मुझे अच्छा लगता था।

लेकिन एक दिन शंकरसिंह जब मेरी तरफ़ इशारा करके बोला, "और ये भी तो आपकी रिआया हैं," तो मेरे तन-बदन में जैसे आग लग गई थी। मैंने शंकरसिंह को कोई बड़ी गन्दी गाली दी थी। शंकर ने भी कुछ कहा था, लेकिन नौकरों ने बीच-बचाव कर बात ख़त्म कर दी। मगर शंकरसिंह ने फिर भी ज़ोर देकर कहा था, "इसमें चिढ़ने की कौन-सी बात है? मैंने कोई ग़लत थोड़े ही कहा है? चौधरी साहब छोटे सरकार के काश्तकार ही तो हैं। काश्तकार तो काश्तकार—कोई छोटा काश्तकार, कोई बड़ा।"

मुझे इस बात पर न जाने क्यों बहुत दुख हुआ था। भला बाप बेटे की रिआया कैसे हो सकता है? मैंने मन-ही-मन अपने उस दोस्त शंकरसिंह को बहुत गालियाँ दी थीं। कुट्टी भी कर ली थी। फिर भी मेरे मन में कहीं कुछ गड़-सा गया था। एक दिन

माँ से मैंने यह बात पूछी भी थी, मगर उन्होंने उस पर ध्यान नहीं दिया था। हाँ, पिताजी ने इसका समझ में न आनेवाला एक जवाब ज़रूर दिया था, "बहजोई स्टेशन से बीसलपुर कितनी दूर है?" उन्होंने उत्तर देते हुए जैसे प्रसंगवश पूछा था।

"तीन मील।"

"रास्ते में कितने गाँव पड़ते हैं?" उन्होंने फिर पूछा था।

"दो," मेरा उत्तर था, "बाँहपुर और पीपली।"

"शाब्बाश!" पिताजी ने तुरन्त बहुत दूर किसी चीज़ पर नज़रें गाड़ते हुए कहा था, "अगली बार जब तुम बहजोई से चलोगे तो बीसलपुर तक अपनी जमींदारी में आओगे...इनकी माँ का...ये हरामज़ादे मुझे समझते क्या हैं!"

और सचमुच कुछ महीनों बाद जब हम लोग किसी शादी में शामिल होने के लिए फिर बीसलपुर गए थे, तो बहजोई से निकलते ही जुहारों का ढेर लग गया था। मिलने-जुलनेवाले लोगों और काश्तकारों की बातों के कारण एक घंटे का रास्ता ढाई घंटे में तय हुआ था। पिताजी बड़े गर्व के साथ माँ को बाँहपुर और पीपली का रक़बा और भूगोल समझाते आए थे। बीसलपुर के नज़दीक आकर उन्होंने कहा था, "चलो,...इस काश्तकारी के कलंक से तो निजात मिली! अब कम-से-कम भैनाजी चौधराहट नहीं हाँक सकेंगी। क्यों बेटे?"

माँ से बात करते-करते सहसा वे मुझे सम्बोधित कर बैठे थे। और मैं, पिताजी की मस्ती और उनके चेहरे पर व्याप्त अतिरिक्त प्रसन्नता देखकर यूँ ही मुस्करा दिया था, जो उन्हें अच्छा लगता था। परन्तु वास्तव में भैनाजी का नाम सुनते ही मेरा ध्यान वहाँ से हटकर अपने हिसाब से एक बहुत पुरानी घटना में जा उलझा था, जिसका सम्बन्ध कहीं-न-कहीं भैनाजी से जुड़ता था।

...हम बीसलपुर से लौट रहे थे। बीसलपुर से राजपुर आते हुए हमें मुरादाबाद के स्टेशन पर गाड़ी बदलनी थी। कई बार घंटों-घंटों प्लेटफ़ार्म पर खड़े होकर इन्तज़ार भी करना पड़ता था। कई बार गाड़ी छूट जाने पर धर्मशाला या होटल में भी ठहरना पड़ता था और दो-एक बार ऐसा भी हुआ था कि वक़्त काटने के लिए हम लोग मुरादाबाद से लगे हुए मऊ नाम के गाँव में पिताजी के एक दोस्त के यहाँ जा टिके थे।

हमेशा हम तीन यात्री हुआ करते थे—पिताजी, माँ और मैं।

मैं बहुत छोटा था। लेकिन मुझे खूब याद है कि उस दिन शाम को साढ़े पाँच बजे के क़रीब हम लोग मुरादाबाद पहुँचे थे। राजपुर की तरफ़ जानेवाली गाड़ी छूट चुकी थी और पिताजी ने कुली से कहा था कि वह सामान सीधे धर्मशाला में ही ले चले, क्योंकि अगले दिन सुबह आठ बजे से पहले कोई दूसरी गाड़ी नहीं थी।

कमरे में सामान बन्द कर हम लोगों ने बिस्तर खोल लिये थे और खाना खाकर लेटते हुए पिताजी ने एक सिगरेट सुलगा ली थी। माँ पानी के लोटे को खाट के नीचे छिपाकर रख रही थीं कि रात में कोई उठा न ले। तभी पिताजी उठकर बैठ गए थे और सिगरेट को ज़मीन पर मसलते हुए बोले थे, "कुछ कहो यार, जो मज़ा हुक्के में है, वह क़ीमती-से-क़ीमती सिगरेट में भी नहीं आता।"

माँ पर उनकी बात की कोई प्रतिक्रिया नहीं हुई थी। लोटे को दोनों खाटों के पायों के बीच रखकर वे अपने तकिए पर नज़र गड़ाए हुए कुछ खोजने की कोशिश कर रही थीं।

"क्या है?" पिताजी ने उन्हें इस प्रकार तल्लीन देखकर कहा था।

"खटमल, और क्या!" माँ झुँझलाकर बोली थीं, "मैं तो पहले ही कहती थी कि यहाँ से तो प्लेटफ़ार्म ही अच्छा रहेगा।"

यह सरासर ग़लत बात थी। वह कमरा जिसमें हम ठहरे थे, धर्मशाला का सबसे अच्छा कमरा था। उसके सामने एक चबूतरा था जिस पर हम लोगों की खाटें बिछी थीं। कोने पर बिजली का खम्भा होने से रोशनी भी पड़ रही थी और सबसे बड़ी बात यह थी कि वहाँ से सामने की सड़क की चहल-पहल साफ़ नज़र आती थी।

मुझे वह जगह पसन्द थी। रिक्शों की टुन-टुन तथा ताँगा और मोटरों की भाग-दौड़ मेरे बाल-मन को सहज ही अपनी ओर आकर्षित करती थी। दूसरे, अपने साथियों के बीच मुझे यह रौब लेने का अवसर देती थी कि मैंने मुरादाबाद शहर देखा है।

एक बात और भी थी। मेरी सारी निजी और अच्छी चीज़ों के साथ प्रायः एक वाक्य जुड़ा हुआ था, 'यह चन्दन मुरादाबाद से लाया था' या 'यह मुरादाबाद से आई थी।' अतः एक आत्मीय के नाते उस मुरादाबाद के और निकट से जान लेने के लिए मैं व्यग्र था। व्यग्र तो मैं भाई साहब से मिलने के लिए भी था, क्योंकि तब तक भाई साहब की कोई ठोस तस्वीर मेरे दिमाग़ में नहीं थी। बस, यही मालूम था कि वे मुरादाबाद में रहते हैं और एक धुँधली-सी स्मृति थी कि एक लम्बे-गोरे किशोर वय पार करते हुए युवक को मैंने पहले भी देखा है। वही मेरे भाई साहब हैं।

यों स्टेशन पर जब भी मैं किसी खिलौने के लिए बिगड़ उठता तो माँ हमेशा यही कहा करतीं, "देख लो, लड़के की बात! चन्दन ने इसके लिए खिलौनों का ढेर लगा दिया है, मगर इसका मन ही नहीं भरता।" फिर वे मुझे सम्बोधित करके कहतीं, "उसी से कहना, मेरे पास इन फ़ालतू चीज़ों के लिए पैसे नहीं हैं।"

इस तरह अनुपस्थित व्यक्ति के रूप में भी चन्दन भाई साहब का अस्तित्व बचपन से ही मेरे लिए महत्त्वपूर्ण हो गया था। लेकिन बचपन की पहली स्मृति के रूप में मेरे सामने उनका उसी दिन का चित्र है, जब वे आकस्मिक रूप से उस धर्मशाला में आ गए थे।

उस समय अच्छी न लगने के बावजूद पिताजी ने फिर सिगरेट सुलगाई थी और मुँह का धुआँ छोड़ते हुए माँ से कहा था, "याद है, शुरू-शुरू में धर्मशाला में मुझे कसम-धरम देकर तुम ही लाई थीं। मुझे तो यहाँ ठहरते ही बड़ी शरम आती थी। लगता था, सारा शहर जानता है। कोई देखेगा तो क्या कहेगा? मगर अब आदत पड़ गई है तो कुछ नहीं लगता। सड़क से इतने लोग गुज़रते हैं, एक भी जाना-पहचाना चेहरा नज़र नहीं आता।"

माँ ने हुंकारा ज़रूर दिया था, मगर उनका ध्यान पिताजी की बातों में नहीं था। एक क्षण को मुझे लगा कि शायद मेरी तरह उनका ध्यान भी सड़क की उस बग्घी पर अटक गया है जो आकर ठीक हमारे बिजली के खम्भे की सीध में खड़ी हो गई थी। कोचवान ने घोड़े को एक चाबुक मारा था और उसकी रास इतनी जोर से खींची थी कि घोड़ा अगले पाँव उठाकर वहीं सड़क पर खड़ा होने की कोशिश करने लगा था।

सहसा पिताजी का ध्यान उधर गया तो वे माँ से बोले, "देखो जी, उधर देखो, बिल्कुल अपनी कलगी की तरह से है। वही रंग, वही-वही हरकत। वही उसी तरह बाज़ार में चमकना और अगले पाँव उठाकर खड़े होने की कोशिश करना! तुम्हें याद है, मैं उस दिन बाज़ार में गया था...।"

पिताजी ने एक रोचक कहानी सुनाने की भूमिका बाँधी थी, जिसमें बाज़ार में उनकी घोड़ी भड़क उठी थी। मैं बड़ी उत्सुकता

से पिताजी की ओर करवट बदलकर लेट गया था। उस सड़कवाली बग्घी का तमाशा भी लगभग ख़त्म हो चुका था, क्योंकि कोचवान घोड़े को पीछे हटाना चाहता था और जैसे ही उसने अगले पाँव ऊपर उठाए, कोचवान ने रास खींचकर उसे थोड़ा पीछे हटा लिया था। अब वह बग्घी हमारे खम्भे की सीध से पीछे हट जाने के कारण पंजाबी होटल की ओट में आ गई थी।

"याद है?" पिताजी ने फिर पूछा था।

"पता नहीं। मैं बग्घी में कभी तुम्हारे साथ जाती तो याद भी रहता।" माँ ने पिताजी का उत्साह ठंडा करते हुए कहा, "मैं तो उस हवेली की नरक में सड़ती रहती थी। आप ही ऐश करते घूमते थे। हाँ, घोड़ी का रंग..." माँ ने रंग देखने के लिए जो सड़क की ओर दृष्टि घुमाई तो देखा कि वह बग्घी सड़क से उतरकर धर्मशाला के फाटक की तरफ़ आ रही है।

"चन्दन!" माँ ने कोचवान की ओर उल्लसित होकर निहारते हुए पूछा था, "तू कैसे?"

"मैं लड़ने के लिए आया हूँ, बीजी!" कोचवान के रूप में सफ़ेद मलमल का कुरता पहने चन्दन भाई साहब ने बग्घी से नीचे उतरते हुए कहा था, "और आज यह भी साफ़ हो जाएगा कि मेरा आप पर कितना अधिकार है।"

माँ थोड़ा-सा मुस्कराई थी। मगर उसी आवाज़ में बोली थीं, "अच्छा! तुझे अब तक अपना अधिकार मालूम नहीं?"

पता नहीं, भाई साहब को अपना अधिकार मालूम था या नहीं, लेकिन उन्होंने माँ की बात का जवाब नहीं दिया था। पिताजी को नमस्ते करके वे एक क्षण के लिए चुप हो गए थे, किन्तु दूसरे ही क्षण पिताजी को मूँछों में मुस्कराते हुए देखकर वे फिर कहने लगे, "याद कीजिए, उस दिन आपने कहा था, 'चन्दन, चल, अब

यहाँ नहीं रहेंगे। गाँव चलते हैं।' और मैं बिना चूँ-चपड़ किए आपके साथ हो लिया था। भेना ने अभी तक मुझे उस बात के लिए माफ़ नहीं किया है। लेकिन आज मैं यह देखने के लिए आया हूँ कि आप मेरा कितना कहना मानती हैं!"

"भैनाजी से पूछ लिया है?" माँ, जो बड़े आनन्दपूर्वक भाई साहब की बात सुन रही थीं, सहसा गम्भीर होकर बोलीं।

मगर भाई साहब उसी भाव से कहते रहे थे, "उनसे क्या पूछना है! घर आपका है। लड़का आपका है। फिर मुझे इतनी फुरसत कहाँ मिली? वह तो कहिए कि बाबू शौराजसिंह रास्ते में मिल गए। उन्होंने बताया कि आप धर्मशाला की तरफ़ गई हैं, वरना मुझे तो इस बार भी पता नहीं चलता।"

मैं इन सारी बातों के दौरान खाट पर पड़े-पड़े इस कल्पना का आनन्द ले रहा था कि अब मैं बग्घी में बैठकर मुरादाबाद की सड़कों से गुज़रूँगा और वे सारे बाज़ार देखूँगा जहाँ इतने खूबसूरत खिलौने और दूसरी चीज़ें मिलती हैं।

मगर माँ ने दृढ़तापूर्वक उनके साथ जाने से इनकार कर दिया था। भाई साहब के कुछ और कहने से पूर्व ही उन्होंने कहा था, "तू नहीं समझता। वहाँ जाने से तमाम पिछली बातें उठेंगी। भैनाजी कुछ कहे बिना बाज़ नहीं आएँगी और मुझसे बर्दाश्त नहीं होगा। इसलिए मैं उस चक्कर में पड़ना नहीं चाहती।"

फिर बहुत बातें हुई थीं। पिताजी भी बातों में हिस्सा लेने लगे थे। शायद उन्होंने भी भाई साहब के तर्कों का समर्थन किया था। इस पर माँ झल्ला गई थीं। उन्होंने पिताजी को भी झिड़क दिया था, "तुम दुमुँही बातें मत किया करो। पता नहीं, तुम कौन-सा मुँह लेकर उन भैनाजी के सामने जाओगे, जिन्होंने तुम्हें निकालने के लिए सात दिन का निराहार व्रत रखा था!"

रह-रहकर अनेक बार भैनाजी का नाम बातचीत में आया था और पिताजी चुप हो गए थे। मगर भाई साहब फिर भी अड़े रहे थे। अब वे कम-से-कम माँ को बग्घी में बिठाकर शहर ही घुमाना चाहते थे, मगर माँ इसके लिए भी तैयार नहीं हुईं।

मुझे माँ की बेवकूफ़ी पर निरन्तर क्रोध आ रहा था। जब नहीं रहा गया तो मैं उठकर बैठा हो गया और बोला, "बग्घी में ज़रूर बैठना चाहिए। घोड़े से तुम्हारी लड़ाई थोड़े ही है।"

मेरी बात पर माँ सहित सब लोग खिलखिलाकर हँस पड़े थे। सिर्फ़ मैं गम्भीर बना बैठा रहा था और भाई साहब ने मुझसे पूछा था, "तू चलेगा मेरे साथ घूमने?"

इसका उत्तर माँ ने दिया था, "हाँ, हाँ, इसे ले जा। इसकी बड़ी इच्छा है शहर घूमने की। आज स्टेशन पर कह भी रहा था कि भाई साहब होते तो मुझे..." और माँ वह बात कहते-कहते रुक गई थीं।

मुझे अच्छा भी लगा था और बुरा भी। अगर कह ही डालतीं तो भाई साहब को पता तो चल जाता कि मैं चाबी से चलनेवाली रेलगाड़ी चाहता हूँ।

मगर भाई साहब को जाने उसका कैसे पता चल गया! यही नहीं, बल्कि और कई ऐसी बातें जो मैंने माँ से भी नहीं कही थीं, जाने कैसे भाई साहब को मालूम हो गईं! इसीलिए तो अपने साथ ले जाते हुए उन्होंने मुझे कोचवान की सीट के बराबर में बिठाकर घोड़ी की रास खुद ही मेरे हाथों में थमा दी और बोले, "अब तुम चलाओ।" फिर चाबुक भी मेरे हाथ में दे दिया और कहा, "मगर मारना मत। घोड़ी भड़क जाएगी।" और इसके बाद तो कमाल ही हो गया था। भाई साहब ने अपनी बग्घी सीधे खिलौनेवाले की दुकान पर ले जाकर रोकी थी और सबसे पहले उनकी नज़र उसी

चाबीवाली रेलगाड़ी पर गई थी जिसे खरीदने के लिए मैं स्टेशन पर मचल गया था।

रात को बहुत सारे खिलौने खरीदकर और बहुत-सी मिठाई लेकर जब मैं वापस आया तो देखा था कि भाई साहब के नौकर ने पिताजी के लिए हुक़्क़ा भर दिया है और वे आराम के साथ लेटे हुए हुक़्क़ा गुड़गुड़ा रहे हैं। मेरी एक बार इच्छा हुई कि उनसे पूछूँ—ये भैनाजी कौन हैं? लेकिन मैं अपने खिलौने देखने और दिखाने में खो गया था और फिर मुझे नींद आ गई थी।

मगर इस घटना के संस्मरण में भी प्रश्नों के असंख्य बीज छिपे थे, निदान नहीं। मैं समाधान के लिए छटपटा रहा था और समस्याओं से जूझ रहा था।

खंड : दो

यह तो मुझे बाद में मालूम हुआ कि मुरादाबाद भाई साहब की ननिहाल एवं जन्मभूमि है और भैनाजी उनकी सगी मौसी है।

जाने किसने यह क़िस्सा सुनाया था कि पिताजी का पहला विवाह मुरादाबाद के लखपति ज़मींदार और प्रसिद्ध वकील चौधरी रामप्रसाद की छोटी लड़की कनक से हुआ था। चूँकि वकील साहब के कोई लड़का नहीं था, इसलिए मोह कहिए या ज़िद, उन्होंने अपनी लड़कियों के नाम लड़कों जैसे रखे थे या बाद में बना दिए थे। कनक का पूरा नाम था कनक कुँवर और बड़ी लड़की का अशर्फ़ी कुँवर। पढ़ाई को छोड़कर, वकील साहब ने दोनों लड़कियों की परवरिश

लड़कों की तरह की थी और उनकी छोटी-से-छोटी इच्छा को पूरी करने के लिए भी बड़े-से-बड़ा ख़तरा मोल लिया था।

उस ज़माने में नाकवालों के यहाँ क्वाँरी और जवान लड़कियों को घर में रखने की प्रथा नहीं थी। लेकिन विवाह के तीसरे दिन ही बड़ी लड़की अशर्फ़ी कुँवर अपनी नौकरानी के साथ अकेली ससुराल से चली आई और फिर कभी वापस न जाने की घोषणा कर दी, तो वकील साहब की पेशानी पर चिन्ता की लकीरें नहीं उभरीं। उन्होंने बहुत सहज भाव से इस स्थिति को स्वीकार कर लिया था।

अशर्फ़ी कुँवर धार्मिक विधि-विधानों के साथ संयम और नियमपूर्वक रहने लगी थीं और घर की सारी व्यवस्था उन्होंने पूर्ववत् सँभाल ली थी।

वकील साहब ने इससे एक ही सबक़ लिया कि छोटी लड़की कनक की शादी एक छोटे घर में की और लड़के को घर-दामाद बनाकर वहीं बुला लिया।

मगर यह तो और लोगों का कहना था।

पिताजी का कहना यह था कि बाबाजी की मृत्यु हो चुकी थी और घर की सारी जायदाद कर्ज़ में दबी थी, इसलिए वे कचहरियों की ख़ाक छानने और मुक़दमों के दाँव-पेंच सीखने के लिए वहाँ चले गए थे। उनकी बात के समर्थन में ओख़्ख़ो भाई साहब कहा करते थे, "ओख़्ख़ोजी क्या नाम था इस ख़ानदान का, और क्या रुतबा था कि रामप्रसाद जैसे वकील ने यहाँ आकर माथा टेका! दादाजी के घुटने पकड़ लिए थे; मगर ओख़्ख़ोजी वो दिन कहाँ चले गए!"

ओख़्ख़ो भाई साहब का सोचना यह था कि पिताजी की बड़ी बहन फूलदेई का विवाह इतनी धूमधाम से हुआ था कि

आज तक उसकी चर्चा बिरादरी के गाँव-गाँव में होती है। "ओख़्ख़ोजी," वे कहा करते थे, "बरातियों की तादाद गाँव की आबादी से भी ज़्यादा थी। गाँव के कुओं का पानी ख़त्म हो गया था, मगर ओख़्ख़ोजी दादी का धीरज नहीं चुका था। वे मन्दिर में बैठी माला के मनके घुमाती रहती थीं और कहारों की क़तार, ओख़्ख़ोजी, पाँच कोस से गंगा का जल ढोती रहती थी। दादी ने सात दिन बारात रोकी थी और ओख़्ख़ोजी एक बाराती को भी शिकायत का मौक़ा नहीं दिया था। जब सातवें दिन राय साहब ने आकर माफ़ी माँगी थी, ओख़्ख़ोजी तब कहीं दादी ने विदा की इजाज़त दी थी।"

मगर भिक्खन चमार इस शादी का और भी प्रामाणिक विवरण दिया करता था, "बप्पा ने बताया था कि रेलवे स्टेशन से गाँव तक बारात की क़तार बनी थी। आगे अठारह झूलदार हाथी थे। हर हाथी पर चाँदी का एक हौदा था और हर हौदे में एक कनस्तर शराब! हाथी भी पिए हुए थे और सवार भी। उनके पीछे सोने-चाँदी और ज़री की झूल फरफराती हुई चौबीस घोड़ियाँ थीं। एक से एक नायाब--अरबी और कलावन्त! उनके पीछे थे सौ रथ, सौ टपदार ताँगे और मुंडे ताँगों की तो कोई गिनती ही नहीं थी।

"बप्पा के हाथ में बैलों की जोड़ियों, घोड़ियों और हाथियों के लिए रातिब निकलवाने और बाँटने का काम था--बहुत बड़ा काम! चार आदमी बप्पा की मदद को थे। दादीजी ने भंडार की चाबी निकालकर बप्पा के हाथ में दे दी थी और कहा था, 'अब तू जाने और मेरे शंकर,' और भंडार की ओर माथा नवाकर चल दी थीं। बप्पा ने भंडार को देखा तो सनाका खा गए थे। सैकड़ों जोड़ियों का इत्ता-सा रातिब कैसे पूरा पड़ेगा? मगर वाह री दादी,

मुड़कर बोलीं, 'शंकर भगवान देंगे, उन्हीं की बिटिया का विवाह है।' और साहब, बप्पा ने बताया था कि एक पखवारे तक हाथियों और बैलों को मुँह-छुट रातिब खिलाने के बाद भी जब दादी ने आकर देखा तो भंडार में रातिब उतने का उतना ही था।

"जानते हैं, पैज लग गई थी। नहटौरवाले राय साहब अपने आपको बहुत बड़ा आदमी समझते थे। इधर हमारे चौधरी साहब के पिता रिश्ते की बात पक्की करके ही मर गए थे। माँ तो उनसे पहले ही चल बसी थीं। रह गई थी बुढ़िया दादी या लड़के के नाम पर तीन साल के बच्चे, हमारे ये चौधरी! राय साहब ने दया दिखाई। पहले तो नाई-बाम्हन भेजे। फिर एक बार खुद आए और दादी से कहलवा भेजा, 'चौधरी नहीं रहे, तो मुझे ग़ैर न समझें। मैं भार नहीं बनना चाहता, मुझसे साफ़-साफ़ बता दें कि मैं कितने आदमी बारात में लाऊँ?'

"तुम रगुवा नाई से पूछना, उसका बाप ही ये खबर लेकर आया था और वही दादी का जवाब भी लाया था। राय साहब ने पूछा था, 'चौधरन ने कितने आदमियों को कहा?' और रगुवा के बाप ने दोनों हाथों में सँभाली हुई उल्टी टोपी राय साहब के सामने पेश कर दी थी। राय साहब ने झुककर देखा था, उसमें कोई पाव-भर सरसों के दाने भरे थे, और मतलब साफ़ था।

"राय साहब तिलमिलाकर चले गए थे, 'चौधरन को इतना गुमान! देखा जाएगा।' और उसी के बाद—सुना है, उन्होंने बारात की तैयारी शुरू कर दी थी। जिले के सारे रईसों को नौत दिया था...यही पूछते रहते थे कि पाव-भर सरसों में कितने दाने होते हैं! और साहब, ईश्वर झूठ न बुलाए, हाथी, बैल, घोड़े और आदमी—सबको मिलाकर कोई दस हज़ार पाँव इस गाँव में पड़े थे।"

भिक्खन अन्तिम वाक्य के रूप में हमेशा एक ही बात कहा करता था, "बस, साहब, उसी शादी ने इस गाँव का और खानदान का नाम चमका दिया, वरना साहब, रामपरसाद वकील क्या अपनी लौंडिया की शादी इस गाँव में करने आता?"

मैं इस कहानी पर विश्वास करने के लिए बार-बार माँ से इसकी पुष्टि करानेवाले सवाल पूछा करता था, "ये बात सच है, माँ? वकील साहब ने क्या इसी कारण यहाँ शादी की थी?"

"कारण चाहे जो रहे हों," माँ ने एक दिन बताया था, "तेरे पिताजी वकील साहब के दामाद थे और किशोर अवस्था में ही घरजमाई के रूप में वहाँ रहने लगे थे। चन्दन का जन्म, शादी के चार साल बाद, वहीं हुआ था और उनके जन्म के साथ ही उसकी माँ अर्थात् तेरे पिताजी की पहली पत्नी स्वर्ग सिधार गई थीं। चन्दन का पालन-पोषण भैनाजी ने किया था।"

भैनाजी...भैनाजी...भैनाजी...! भाई साहब के सन्दर्भ में यह नाम इतनी बार आता था कि मैं उनके बारे में बहुत दिनों तक अपना कौतूहल और जिज्ञासा छिपाए नहीं रख सकता।

आख़िर माँ ने ही एक दिन बताया था, "वकील साहब की बड़ी लड़की अशर्फ़ी कुँवर को ही घर में भैनाजी कहा जाता था। बाहर मुहल्ले में भी उनका यही नाम प्रचलित था। यहाँ तक कि अधिकतर लोग उनका असली नाम भूल गए थे। कोई नहीं जानता था कि उनका यह नाम कैसे पड़ा?"

अब निश्चित था कि इसके बाद माँ बात को यहीं ख़त्म कर देंगी, पर तभी मंडावलीवाली भाभी आकर माँ के पाँव लगी थीं और

हौले से मुस्कराकर उन्होंने टूटी हुई बात का छोर माँ के हाथों में थमा दिया था।

माँ की मुखमुद्रा बदल गई थी। तनाव ढीला पड़ गया था। भाभी जैसा मूक और धैर्यवान श्रोता देखकर उन्होंने सामने रखा चरखा एक ओर खिसका दिया था और तीसरे पहर की ढलती हुई धूप पर एक उड़ती हुई-सी नज़र डालकर वे अतीत में डूब गई थीं। उनकी आँखों में कई भाव आ-जा रहे थे और जब उन्होंने बोलना शुरू किया तो ऐसा लग रहा था, जैसे वे उन बातों को सुना नहीं रहीं, बल्कि खुद भी सुन रही हैं।

माँ ने बताया था :

भैनाजी की ख्याति दो कारणों से थी—एक, बड़े बाप की बेटी होने के कारण और दूसरे, सनातन धर्म के कर्म-कांड में गहरी निष्ठा के कारण। आए-दिन दो-चार पंडित, पंडे या साधु-महात्मा वहाँ पड़े ही रहते थे और भैनाजी ने पूर्वी चौक में मन्दिर के ऊपरवाली कोठरी ऐसे ही धर्म-पुरुषों के लिए खाली रख छोड़ी थी।

यों भी मकान बहुत बड़ा था। हवेली के ही तीन सहन थे। तिमंज़िली हवेली थी। हर सहन में एक कुआँ था। बैठक का कुआँ अलग था, जिससे बगीचे और मन्दिर का भी काम चल जाता था। बैठक के अलावा भी मेहमानों के ठहरने के लिए सदर फाटक के ऊपर कमरे बने हुए थे और सड़क के पार भी एक छोटा-सा मकान था। मकानों में जगह की कमी नहीं थी।

मगर दिलों में जगह की कमी थी।

शादी के अगले दिन नववधू के रूप में जब माँ ने उसी हवेली में प्रवेश किया तो वे ख़ुद वहाँ के वैभव और विशालता से अभिभूत

हो उठी थीं। बस, एक बात कसकती रह गई थी कि औपचारिकता के नाते भी उनका स्वागत करनेवाली कोई नहीं थी। घर में भैनाजी का अखंड राज्य था और दूसरी कोई स्त्री ऐसी नहीं थी जो उनकी बात पूछती।

चन्दन भाई साहब तब छोटे ही थे।

माँ उन्हें उस घर में आने से पहले ही अपनी शादी में देख चुकी थीं—ज़री की अचकन, चूड़ीदार पाजामा और गोल सलमे-सितारे जड़ी टोपी पहने दो-ढाई वर्ष का बच्चा विवाह-मंडप में आया था।

माँ ने सुन रखा था कि उनकी शादी एक दुहेजवे से हो रही है, जिसकी पहली पत्नी एक लड़के को जन्म देकर मर गई है और वे इस बात से बहुत दुखी थीं। मगर उन्होंने यह भी सुन रखा था कि वर देखने-भालने में बहुत अच्छा है और यद्यपि उसके माँ-बाप नहीं हैं किन्तु वकील साहब की सारी सम्पत्ति का मालिक वही होगा। इस बात का प्रमाण यह था कि माँ के पिताजी से रिश्ते की बात खुद वकील साहब ने की थी और उन्होंने ही शादी की सारी व्यवस्था कराई थी।

माँ शादी की बात से दुखी भी थीं और आश्चर्यचकित भी कि वह कैसा ससुर है जो स्वयं दामाद का दूसरा विवाह रचा रहा है! उसी समय किसी सहेली ने माँ से कहा था, "देख, वो हैं वकील साहब, बच्चे की उँगली पकड़े हुए।"

माँ ने किवाड़ों के झरोखों से देखा था कि वकील साहब ने नहीं, बल्कि एक बहुत ही खूबसूरत गुड्डे ने वकील साहब की उँगली पकड़ रखी है और अपनी अटपटी भाषा में वह दुनिया-भर की बातें बोलता जा रहा है।

"यह कौन है?" माँ ने पहली बार बच्चे की तरफ़ इशारा करके कुछ पूछा था।

"यही तो तेरा लड़का है।" सहेली ने चुटकी ली थी।

लेकिन माँ निहाल हो गई थीं। बिना कुछ किए-धरे किसी को इतना सुन्दर लड़का मिल जाए तो उसे क्या घाटा है–उन्होंने ऐसी ही कोई बात कही थी और उनकी सहेली ने फिर कहा था, "घाटा तो तुझे पति में भी नहीं। तू तो भाई, राज करेगी।"

सहेली कुछ और भी कहने को थी कि तभी वर-पक्ष का पंडित चिल्लाया था, "लड़की को लाइए श्रीमान्, महूरत निकला जा रहा है।" और माँ जल्दी से घूँघट खींचकर किवाड़ों से पीछे हटकर जा बैठी थीं।

फेरों पर बहुत रात हो जाने के कारण भाई साहब दरी पर ही सो गए थे और उनकी टोपी सिर से ढलककर दूर जा पड़ी थी। माँ की इच्छा हो रही थी कि उस छोटे-से प्यारे बच्चे को उठाकर गोद में सुला लें लेकिन तभी भीड़ में से किसी ने कहा था, "जरा जल्दी कीजिए पंडितजी, बहू को नींद आ रही है।"

और माँ चौंक उठी थीं। उन्हें वास्तव में नींद नहीं आ रही थी, बल्कि उनका ध्यान उस उपेक्षित बच्चे पर केन्द्रित हो गया था।

पर माँ की यह इच्छा कभी पूरी न हो सकी और उनका ध्यान ज़िन्दगी-भर बच्चे पर केन्द्रित ही रहा।

चन्दन भाई साहब भैनाजी के इतने लाड़ले थे कि दूसरा कोई उन्हें प्यार करे या वे स्वयं किसी दूसरे को प्यार करें, यह भैनाजी पसन्द नहीं कर पाती थीं। माँ ने भूल और भावुकतावश एक बार भाई साहब को अपने पास बिठाकर खिला दिया था। बस, उसी दिन भैनाजी का क़हर टूट पड़ा था। उसी दिन माँ ने उस घर में अपनी स्थिति का अनुमान लगा लिया था। शायद उस दिन पहली बार माँ को अपनी माँ की बहुत याद आई थी और उनका मन अपने गाँव के कच्चे मकानों और झोंपड़ों के लिए लहक उठा था। भैनाजी के भीतर माँ के लिए कितनी घृणा संचित है, यह बात भी उसी दिन खुली थी। भैनाजी का

चेहरा ऐसा जड़ और भाव-शून्य था कि उस पर प्रतिक्रिया प्रकट ही नहीं होती थी। बोलती भी वे बहुत कम थीं। उस दिन भी उन्होंने केवल इतना ही कहा था, "आगे इसे हाथ मत लगाना। मैं बताए देती हूँ। मैं नहीं चाहती, इस पर ओछे लोगों की छाया पड़े।" इसके बाद उन्होंने भाई साहब को आड़े हाथों लिया था, "तू क्यों गया था सूखी रोटी खाने? मरना चाहता है? ख़बरदार! फिर मत जाना।"

उनकी आवाज़ में कोई सख़्ती नहीं थी। स्वर भी ऊँचा नहीं था। मगर उसमें इतनी ठंडक और ऐसी भयंकर जड़ता थी कि माँ का रोम-रोम काँप उठा था। एक ही सम पर, बिना आरोह या अवरोह के वे कहे जा रही थीं कि तभी भाई साहब ने प्रतिवाद किया था, "वाह! जहाँ मेरा मन होगा, जाऊँगा। जो मेरा मन होगा, खाऊँगा। मैं कोई बच्चा हूँ!"

लेकिन भैनाजी उन्हें दूसरे आँगन में खींच ले गई थीं। भाई साहब की आवाज़ अन्दर से आने लगी थी; परन्तु उसमें पहले-जैसी दृढ़ता और हठ नहीं रह गया था। शायद भैनाजी ने कोई चवन्नी-अठन्नी या रुपया उनके हाथ में रख दिया था और बोली थीं, "तू नहीं समझता। वह डायन है। जिस दिन से आई है, तेरे नानाजी बीमार पड़े हैं। उनके पास मत जाना। तुझे जो कुछ खाना हो, मुझे से बता। मैं मँगाऊँगी।"

भैनाजी ने ये बातें इस ढंग से कही थीं कि माँ सुन लें और सावधान हो जाएँ।

लेकिन माँ पहले ही वाक्य से पर्याप्त सावधान हो गई थीं। उन्होंने कलेजे पर पत्थर रखकर यह निश्चय कर लिया था कि वे चन्दन से अकारण बातें नहीं करेंगी। कुछ और भी निश्चय उन्होंने किए थे। मगर इस बात का उनके पास कोई उपाय नहीं था कि वे पिछले दो साल से लक़वे के शिकार पड़े वकील साहब को उनके

पाँवों पर खड़ा कर दें। यह सच था कि माँ के विवाह के थोड़े दिनों बाद ही उन्हें लक़वे ने दबोच लिया था, लेकिन इसमें माँ को कहीं से भी अपना हाथ नज़र नहीं आता था।

एक भाई साहब को छोड़कर पूरे घर पर भैनाजी हावी थीं। उनके मुँह पर छाई रहनेवाली गम्भीरता की छाप उनके सामने पड़नेवाली हर चीज़ पर उतर आती थी। जाने कैसे घर का वातावरण कुछ ऐसा हो गया था कि उनके सामने कोई कुछ बोल ही नहीं सकता था।

हाँ, भाई साहब को शुरू से ही सारे आपवादिक अधिकार प्राप्त थे। वे जिस बेतकल्लुफ़ी से नानाजी की मूँछें खींच लिया करते थे, उसी बेतकल्लुफ़ी से भैनाजी के ठाकुरजी को उठाकर दरवाज़े में रख आते थे। परन्तु माँ को ये सब बातें तो बाद में मालूम हुईं। उन्हें तो यह समझने में ही पूरा एक वर्ष लग गया था कि वे कौन-सी चीज़ छुएँ और कौन-सी नहीं।

भैनाजी पहले पीतल का कलश माँजकर स्वयं कुएँ से जल भरती थीं, फिर जल छिड़ककर लकड़ियों को पवित्र करती थीं और तब कहीं भाई साहब की, अपनी और ठाकुरजी की रसोई तैयार करती थीं।

नाश्ते के समय वे भाई साहब को आवाज़ लगातीं, "चन्दन, आ जा, नाश्ता कर ले।"

और भाई साहब हमेशा, 'मुझे पराँठे नहीं खाने' या 'मैं तो आज इमरती खाऊँगा' या 'मुझे भूख नहीं' कहकर टालने की कोशिश किया करते थे।

"आ जा। पैसे दूँगी। एक पराँठे पर एक चवन्नी।" भैनाजी उसी स्वर में प्रस्ताव रखा करतीं और भाई साहब चवन्नियों के

लालच में कुछ खाते और कुछ जेबों में भरकर बाहर फेंक आया करते थे।

माँ को यह लाड़ पसन्द नहीं था, मगर यह उनके अधिकार-क्षेत्र से बाहर की बात थी। उसका काम था, अपने नौकरों और मेहमानों की रोटियाँ सेंकना और तीन नौकरों तथा दो नौकरानियों के बावजूद दोपहर के दो बजे तक चूल्हे पर बैठे रहना।

चुनाँचे वे सबकुछ चुपचाप देखती और सुनती रहती थीं।

कभी-कभी भाई साहब कहते, "भेना, कबूतर।"

और भैनाजी तत्काल आदेश देतीं, "रामफल, शाम को कबूतर लेते आना रे।"

और कबूतर आ जाते। सफ़ेद ख़रगोश भी आते। उनके लिए पिंजरे और काबुक भी आते। इमरती, बालूशाही और जलेबी भी आतीं और चाट के दोने भी।

लेकिन माँ से बातें करते ही भैनाजी का यह वात्सल्य तिरोहित हो जाता था। कभी-कभी माँ किसी नौकर को सहायता के लिए रसोईघर में बुला लेतीं तो उनका पारा ऊपर चढ़ जाता, "यही रामकली तेरे आने से पहले अकेली सारे घर की रोटी बना लिया करती थी। कितने मेहमान आते थे तब! और तुझसे इतना भी नहीं होता। मुझे तो अच्छा नहीं लगता कि रसोईघर भी नौकरों के अधिकार में दे दिया जाए।"

बूढ़ी रामकली बैठी-बैठी भैनाजी की हाँ में हाँ मिलाती रहती थी और भैनाजी निरासक्त भाव से बातें कहकर चली जाती थीं। लेकिन उनकी अनुगूँज बड़ी भयंकर होती थी। धीरे-धीरे नौकरों को यह ज्ञात हो गया था कि बीबी जी अर्थात् माँ का काम करने से भैनाजी बुरा मानती हैं। इसलिए उन्होंने माँ की बात पर कान देना छोड़ दिया था।

उधर भैनाजी ने काम की मात्रा और बढ़ा दी थी। दोपहर के बाद वे सलमे-सितारों का ढेर माँ के सामने ला पटकती थीं और उनसे कपड़ों पर कढ़ाई का काम कराया करती थीं। बाद में तो यहाँ तक होने लगा कि बूढ़ी रामकली माँ के सामने दाल में चावल मिलाकर रख दिया करती और माँ शाम तक उसमें से चावल बीनती रहतीं।

भैनाजी का तर्क था कि काम में लगे रहने से जवान बहू-बेटियों का मन कुमार्ग पर नहीं जाता और इस तर्क का माँ के पास कोई उत्तर नहीं था। क्योंकि खुद भैनाजी अपने मन को धार्मिक विधि-विधानों में इस प्रकार जकड़कर रखती थीं कि सुबह से शाम तक उन्हें क्षण-भर के लिए भी अवकाश नहीं मिलता था।

माँ ग़रीब घर की ज़रूर थीं, किन्तु इतना काम उन्होंने अपने घर भी कभी नहीं किया था और न किसी को करते देखा था। फिर इतना करने पर भी प्रशंसा का एक शब्द नहीं, सहानुभूति की एक रेखा नहीं। बस, वही घिसी-पिटी ज़िन्दगी, बँधा-बँधाया ढर्रा! कहें तो किससे कहें?

पिताजी घर आते नहीं थे। आते थे तो इतने सहमे-सहमे कि उनसे बातें करने की हिम्मत नहीं होती थी। फिर भी एक बार माँ ने जब साहस बटोरकर उनसे कहा था, तो उन्होंने छूटते ही जवाब दिया था, "तो क्या मैं जनाब के लिए अलग से ख़िदमतगारनी रखूँगा? अरे, भैनाजी को पटाकर रखो, सेवा से तो पत्थर भी पिघल जाता है।"

लेकिन भैनाजी उन पत्थरों में से नहीं थीं, इसका अनुभव शीघ्र ही उन्हें भी हो गया था।

पूरे चार साल तक पलँग पर पड़े रहने के बाद वकील साहब की मृत्यु हो गई थी--बड़ी लाचार और अपाहिज मृत्यु।

मुरादाबाद से एक मशहूर हस्ती और कमिश्नरी से फ़ौजदारी का एक नामी वकील उठ गया था। अदालतों में शोक-सभाएँ हुई थीं, और घर में सियापा छा गया था।

"आज सारा शहर रो रहा है, तू भी रो ले, डायन! अब तो खाने को खसम ही बचा है।" भैनाजी ने माँ से यह वाक्य आँसू बहाते हुए कहा था और फ़ौरन बगीचे की बैठक की तरफ़ चली गई थीं, जहाँ वकील साहब का शव रखा था।

बगीचे में सैकड़ों लोग जमा हो गए थे। वकील साहब की विशेषताओं पर दबी ज़बान से बहस हो रही थी। ऐसे अवसरों पर, जैसाकि होता है, उनकी तारीफ़ों के पुल बाँधे जा रहे थे, और इस बारे में सब एकमत थे कि वकील साहब ने केवल अपनी मेहनत और योग्यता के बल-बूते पर इतनी बड़ी सम्पत्ति अर्जित की थी। शायद यह बात बहुत कम लोगों को मालूम थी कि इस जायदाद की ख़रीद में रानी खैरागढ़ के उस ख़ज़ाने का भी योग था, जिसे उन्होंने राजा साहब से छिपाकर अपने भाई को भेजने के लिए बतौर अमानत वकील साहब के पास रखवा दिया था और जिसके सन्दूकों से ज़ेवरात और रुपए-पैसे निकलवाकर वकील साहब ने उनमें ईंट-पत्थर भरवा दिये थे।

माँ को ये बातें उस समय तक मालूम नहीं थीं। होतीं भी तो इनसे उनकी मृत्यु पर रोने-न रोने का कारण उपस्थित नहीं होता था। वे खुद वकील साहब की उदारता की प्रशंसक थीं और उनकी मृत्यु से सहसा स्तब्ध रह गई थीं।

लेकिन भैनाजी की बातें सुनकर वे सचमुच ही फूट-फूटकर रो पड़ी थीं। हाँ, वकील साहब की मृत्यु के शोक से पीड़ित होकर

नहीं, बल्कि अपमान की निरपराध यंत्रणा से छटपटाकर और समुचित उत्तर न दे पाने की विवशता से घुटकर।

माँ को क्रोध शुरू से ही बहुत था, लेकिन वहाँ रहते वह कभी प्रकट नहीं हुआ। दीवारों में क़ैद पानी की तरह वह आँखों से रिसता और दीवारें पोली करता रहता था। माँ सोचा करती थीं कि वे इस घुटन-भरे वातावरण में, जिसमें न पति का प्यार है, न घरवालों की ममता—बहुत दिनों तक कैसे जीवित रह सकेंगी? लेकिन वे कभी बीमार तक नहीं पड़ीं, और वकील साहब चल बसे थे।

वकील साहब की मृत्यु के बाद घर का वातावरण और भी बोझिल हो गया था। भैनाजी की कठोरता और जापों की संख्या बढ़ गई थी। उनके पूजा-पाठ में ब्राह्मणों और महात्माओं का अधिक समावेश होने लगा था और दान-दक्षिणा का क्रम भी अधिक हो गया था। मगर माँ की स्थिति यथावत् थी।

हाँ, पिताजी की स्थिति में थोड़ा परिवर्तन ज़रूर हुआ था। वे बगीचे से उठकर फाटक के ऊपरवाले कमरों में चले गए थे। वहाँ से उनके ठहाके और यार-दोस्तों की महफ़िल की आवाज़ें कभी-कभी कान में पड़ जाया करती थीं।

माँ से उनकी भेंट अब भी चोरी-छिपे, कभी-कभार संयोग से ही होती थी। घर में वे अब भी बहुत कम आते थे। हाँ, लाला शान्तिस्वरूप कारिन्दे का घर में आना-जाना बढ़ गया था और मुक़दमों, लेन-देन की वसूलियों आदि के सम्बन्ध में भैनाजी की राय से सहमत होते हुए वह अक्सर यह कहने लगा था, "इस मामले में चौधरी साहब की राय दूसरी है। मैं उनसे मुत्तफ़िक़ नहीं हूँ।"

"तुम जो ठीक समझो, वही करो।" भैनाजी कहा करती थीं

और लाला शान्तिस्वरूप मूँछों में मुस्कराते हुए 'जो हुकुम' कहकर चले जाया करते थे।

वह घर का एक संक्रमण काल था। स्थितियाँ बदल रही थीं। आदमी भी तेज़ी से बदल रहे थे और क़ीमतें सम्भावित युद्ध के कारण ऊपर उठ रही थीं। पिताजी दोस्तों में बैठकर कह दिया करते थे, "बताइए, जबकि मुल्क की हालत ये है, हमारी भैनाजी रोज़ाना सौ-पचास रुपया इन मोटे-मुस्टंडे ब्राह्मणों पर फूँक देती हैं।"

पिताजी जाने किस भावना से ये बातें कहा करते थे, लेकिन भैनाजी को ये बातें मोड़-तोड़कर और नमक-मिर्च लगाकर सुनाई जाती थीं। "मेरे बाप का माल है। मैं धर्म के कामों पर खर्च करती हूँ तो मुझे शान्ति मिलती है, पर वह जो शराब और रंडियों पर सैकड़ों रुपए फूँकते हैं, वे कहाँ से आते हैं? वे भी मेरे ही बाप की कमाई के हैं!" भैनाजी माँ को सुनाने के लिए ज़ोर से बोला करती थीं और माँ चुपचाप सुन लिया करती थीं।

चुग़लखोरी उस घर में एक कला की तरह विकसित हो रही थी और नौकरों ने भैनाजी का विश्वासभाजन बनने के लिए इस कला को आत्मसात कर लिया था। तरह-तरह के धार्मिक पाखंड रचने के अलावा वे भैनाजी को बाहर की रिपोर्ट दिया करते थे कि कल रात फाटकवाले कमरे में कौन-सी रंडी आई थी, कितनी बोतलें खुली थीं और कौन-कौन लोग उस महफ़िल में शामिल हुए थे।

काना रामफल इस फ़न में माहिर था। लाला शान्तिस्वरूप मौक़ा-मुहाल देखकर बातें करते थे। मालिन और रामकली चापलूसी करती नहीं थकती थीं, सिर्फ़ हरदेई, जो रामफल से सख़्त नाराज़ थी, इस चर्चा में दिलचस्पी नहीं लेती थी।

उस दिन काने रामफल ने जैसे ही यह बताना शुरू किया कि रात बग्घी में बैठकर पिताजी कहाँ गए थे, तो माँ वहाँ से दूर हट आई थीं। कहानी ख़त्म होते ही भैनाजी ने देखा था कि माँ वहाँ नहीं हैं तो उन्होंने आवाज़ दी थी, "अरी, कहाँ मर गई? सुन तो! इसके बाप की करतूतें भी तो सुन!"

"मुझे नहीं अच्छी लगतीं ये बातें," माँ ने वहीं से उत्तर दिया था। किन्तु दूसरे ही क्षण वे इस बात से डर गई थीं कि भैनाजी कहीं इसे अपने ऊपर न ले लें। इसलिए बात को साफ़ करने के लिए उन्होंने आगे और जोड़ा था, "मेरा क्या, मेरे तो करम ही फूट गए!"

दरअसल उन्हें इस बात का अफ़सोस नहीं था कि रात बग्घी में बैठकर पिताजी कहाँ गए थे। उन्हें अफ़सोस इस बात का था कि भैनाजी इतनी हलकी बातें सुनने के लिए नौकरों को प्रोत्साहन क्यों देती हैं और क्यों, यदि ऐसी बातें सच भी हैं तो, वे चन्दन की उपस्थिति में ही कही-सुनी जाती हैं! क्या उनके लिए 'इसके बाप' सम्बोधन प्रयुक्त कर भैनाजी चन्दन के सामने यह सिद्ध करना चाहती हैं कि देख, तेरा बाप कितना पतित और गया-गुजरा व्यक्ति है, जिसे शराब और रंडियों के अलावा और कोई बात ही नहीं सूझती?

माँ जो सोच रही थीं, वही बात भैनाजी ने तड़ाक से कह दी, "अरी, तेरे क्या, करम तो इसके फूटे हैं।" फिर भाई साहब के सिर पर हाथ रखते हुए उन्होंने जोड़ा था, "सोचती हूँ, मैं न रही तो फिर इसे कोई रोटी भी नहीं देगा।"

मगर इतनी-सी बात वातावरण के लिए क़यामत बन गई थी। बूढ़ी रामकली, मालिन और रामफल—तीनों में सहानुभूति के प्रदर्शन की होड़-सी लग गई थी। यह अलग बात है कि उसमें विजयी हुए थे लाला शान्तिस्वरूप जिन्होंने भैनाजी की बात का केवल अन्तिम अंश ही आँगन में घुसने से पहले दरवाज़े में जूते उतारते हुए सुना था। वे वहीं से बोले थे, "हाय! भैनाजी, आप ऐसी बातें क्यों करती हैं? बड़े बाबूजी जो कुछ छोड़ गए हैं, वह सब आप ही का तो है। आप ही के पैसे पर तो हमारे और इन सब के ठाठ चल रहे हैं।"

इसी बात को मालिन ने भी अपने ढंग से कहा था, "ऐ भैनाजी, तुम ऐसी भाषा क्यों बोलती हो? भला तुम्हें और चन्दन को किस बात की कमी है!"

भैनाजी ने सिर्फ़ लालाजी की बात का नोटिस लिया था और बड़े निर्विकार भाव से चन्दन भाई साहब की ओर इशारा करते

हुए कहा था, "मुझे तो बस इसका ही ख़याल है। माँ सौतेली है। बाप शराबी और रंडीबाज है। सब उड़ा देगा। इसके लिए कौड़ी नहीं बचेगी।"

लाला शान्तिस्वरूप ने थोड़ी देर तक प्रतीक्षा की थी। भैनाजी की बात पूरी तरह वातावरण में घुल जाने दी थी। उसके बाद बड़े विनम्र और रहस्यात्मक स्वर में, 'भैनाजी, एक ज़रूरी बात है' कहकर वे उन्हें अपने कमरे की ओर लिवा ले गए थे, जिसके सामनेवाले बरामदे के थमलों पर हरदेई उस समय अल्पना का कार्य कर रही थी। भैनाजी वहीं बैठकर लालाजी के साथ मन्त्रणा किया करती थीं।

अगले दिन से भैनाजी का व्यवहार अचानक बदल गया था।

माँ ने सुबह देखा था कि हरदेई उनके हिस्से की भी झाड़ू लगा चुकी है। उनके बर्तन करीने से सजे हुए रसोईघर में रखे हैं और हरदेई उनकी सेवा में हाथ बाँधे खड़ी है।

"क्या बात है आज?" माँ ने हरदेई की तरफ़ बड़ी आत्मीयतापूर्ण दृष्टि फेंककर पूछा था। बस, वही उस घर में एक ऐसी स्त्री थी जो माँ के प्रति थोड़ी सहानुभूति रखती थी और भैनाजी की नज़रें बचाकर उनसे दो बात कर लिया करती थी।

"है कोई राज़ की बात ज़रूर। कल वो मिठवा आया था।" हरदेई ने अपनी बड़ी-बड़ी काली पुतलियाँ मटकाते हुए लाला शान्तिस्वरूप कारिन्दे की ओर इशारा किया था, "कुछ वसीयत को लेकर बातें हो रही थीं। मिठवा बड़ा दुखी था। कह रहा था, अदालत में यह साबित करना मुश्किल है कि वसीयत लिखते समय उनके होशो-हवास दुरुस्त नहीं थे। बस, एक ही तरीक़ा है कि आप

दोनों को अपनी मुट्ठी में रखें। बाहर न जाने दें।'' हरदेई ने एक क्षण का विराम देते हुए विश्लेषण किया था, ''मैं तो जानूँ, यह इशारा आप ही के लिए था।''

माँ जैसे एक भयंकर रेगिस्तान के बहुत लम्बे सफ़र से उकताकर कहीं अचानक दीख जानेवाली कीचड़-भरी बावड़ी पर ही मुग्ध हो गई थीं। कारिन्दा उन्हें देवदूत-सा लग रहा था और उनकी थकी हुई आँखें सलमे-सितारे जड़ने और चावल बीनने के उबाऊ और अन्तहीन कार्य से निष्कृति पाकर सपने देखने की कल्पना करने लगी थीं।

लेकिन अगले दिन हरदेई ने वह सपने भी छीन लिये थे। बोली थी, ''कुछ पता भी है, बीबीजी! रात तुमने जो दवाई चौधरी साहब के खाने में मिलाकर दी थी, वह एक बड़े पहुँचे हुए महात्मा की भभूत है। काने रामफल ने लाकर दी है। अगर तीन दिन तक खा ली, तो समझो, उनका मन तुम्हारी तरफ़ से हमेशा-हमेशा के लिए फिर जाएगा।''

''ऐसा?'' माँ से कुछ बोलते नहीं बना था। यह एकदम असम्भावित और अप्रत्याशित बात थी।

माँ सकते में आ गई थीं। लेकिन गहराई में जाने पर थोड़ी देर बाद सारी बातें उनके सामने एक-एक कर साफ़ होने लगी थीं। सारे सन्दर्भ आप-से-आप जुड़ते चले गए थे। उनसे कहा गया था कि यह एक सिद्ध महात्मा की दी हुई भभूत है। इसके तीन दिन तक खाने से पिताजी का मन शराब और रंडियों की तरफ़ से फिर जाएगा। मगर माँ के मन में उसी समय कुछ खटका था।

इससे सम्बद्ध कई और भी प्रश्न माँ के मन में उठ खड़े हुए थे। भैनाजी रोज़ तीसरे पहर भाई साहब को और उन्हें अपने पास

बुलाकर बिठा लेती थीं। ठीक उसी समय आकर रामफल पिताजी की बातें सुनाया करता था।

माँ उन बातों को सुनकर कुढ़ा करती थीं। लेकिन भाई साहब उन्हें तटस्थता से सुना करते थे, मानो वे कोई काल्पनिक कहानी सुन रहे हों! वे बीच-बीच में हुंकारे भी देते जाते थे और कहानी का अन्त जानने को उत्सुक रहते थे।

रामफल की हर कहानी का अन्त प्रायः एक ही ढंग से होता था, ''भैनाजी, मैंने सुबह जब कमरा साफ़ किया, तो बस पूछो मत; उसमें दो-तीन जगह उल्टियाँ पड़ी हुई थीं जिन पर मक्खियाँ भिनभिना रही थीं और टूटी हुई बदबूदार बोतलें पलँग के नीचे लुढ़क रही थीं।''

इस बोगस अन्त पर भाई साहब हमेशा, 'हस्साले!' कहकर उठ जाया करते थे किन्तु माँ को चुपचाप भैनाजी तथा उनकी मुँहलगी नौकरानियों की झूठी सहानुभूति और पाखंडपूर्ण बातें सुननी पड़ती थीं।

मालिन कहती, ''ऐ भैनाजी, चौधरी साहब का क्या है? कोई रंडी-वंडी डाल लेंगे घर में, जैसे उनके दोस्त चौधरी हरदयाल सिंह ने डाल ली है, पर ये बेचारी किसके सहारे जिएगी?''

''ऐ, ऐसा क्या कहवे है री?'' रामकली उसे फ़ौरन टोकती, ''ख़सम रंडीबाज़ हुआ तो क्या, भैनाजी के दरबार में किस बात की कमी है? उनकी सेवा करेगी तो ज़िन्दगी मज़े से कट जावेगी।''

और भैनाजी बड़े निश्चिन्त भाव से एक लम्बी साँस खींचकर बोलतीं, ''हाँ, बेचारी! मेरा तो चार कामों में हाथ बटाती है। अच्छा है। जहाँ पर इतने लोग पल रहे हैं, यह भी पड़ी रहेगी।''

माँ को एक-एक कर सारी बातें याद आने लगी थीं। एक क्षण के लिए वे यह सोचकर हँस पड़ी थीं कि भैनाजी और उनकी

दोनों बाल-विधवा नौकरानियों ने माँ की ख़ामोशी का यही मतलब कैसे लगा लिया कि वे पिताजी से विरक्त और विमुख हो चुकी हैं? क्या इसलिए कि पिछले कई महीनों से उनमें से किसी ने भी माँ को पिताजी से बात करते नहीं देखा था?

मगर उनका सोचना शत-प्रतिशत ग़लत था। न माँ पिताजी से विमुख हुई थीं और न उस ऊँची हवेली और ऐश्वर्य को देखकर वे भैनाजी के प्रभाव में ही आई थीं। वस्तुस्थिति यह थी कि हरदेई से भभूत की बातें सुनने के बाद उनका पूरा दिन अपने-आपको कोसते और धिक्कारते हुए बीता था। फलस्वरूप रात के खाने में मिलाने की दवाई उन्होंने चूल्हे में फेंक दी थी और रसोई का काम ख़त्म होते ही सबकी उपेक्षा करते हुए वे बड़े विश्वास के साथ लालटेन उठाकर ज़ीने पर चढ़ गई थीं, जहाँ से एक चोर रास्ता फाटक के ऊपरवाले उन हिस्से की तरफ़ जाता था जिधर पिताजी रहते थे।

माँ के मन में यह बात दृढ़तापूर्वक घर कर गई थी कि भैनाजी उन्हें पिताजी से विमुख करने के लिए छल-छद्म से लेकर टोने-टोटके तक, हर बात का सहारा ले रही हैं। इसीलिए नौकरों से रोज़ाना झूठी-सच्ची बातें उनके सामने सुनवाती हैं और उन्हें बदनाम करने का षड्यन्त्र रचती हैं।

इसी कल्पना से माँ के दिल में एक हौल-सी बैठ गई थी।

पिताजी सारी बातें सुनकर हँस पड़े थे। माँ को अपने पास बिठाते हुए बोले थे, "बस, इतनी-सी बात! अरे, बीवी से दिलवानी थी तो भभूत क्या, जहर दिलवाते। किसी को शक भी न होता और क़िस्सा ख़त्म हो जाता।"

माँ तब तक थोड़ी आश्वस्त होकर कमरे का निरीक्षण करने लगी थीं। फिर उन्होंने झुककर पलँग के नीचे भी झाँका था। कमरे में चारों तरफ़ नज़रें दौड़ाई थीं। शायद यह देख रही थीं कि कहीं उल्टियाँ तो नहीं पड़ी! लेकिन पिताजी का अन्तिम वाक्य सुनकर वे चौंक पड़ी थीं, "क्या कह रहे हो?"

"मैं ठीक कह रहा हूँ," पिताजी ने एक-एक शब्द पर जोर देते हुए कहा था, "वह कारिन्दा हरामज़ादा, चूँकि मेरे सामने गप्पें नहीं मार पाता, इसलिए भैनाजी के कान में मेरे विरुद्ध मन्त्र फूँकता रहता है। स्कीम इन लोगों की यह है कि मेरे ख़िलाफ़ गवाही देने और यह साबित करने के लिए कि मैं आवारा और बदचलन हूँ, अदालत में मेरे लड़के और मेरी बीवी को ही पेश किया जाए, इसीलिए आजकल तुम्हारी भी ख़ातिर हो रही है! क्यों, ठीक है न?"

"बिलकुल ठीक।" माँ ने विस्मित होते हुए कहा और उन्हें यह जानकर सुखद आश्चर्य हुआ था कि पिताजी सारी बातों को पहले से ही जानते हैं। फिर भी हरदेई की सूचनाओं और अपने अनुभवों के आधार पर वे जितना कुछ जानती थीं, उन्होंने सब पिताजी को बता दिया था और साथ ही यह भी बताया था कि लाला शान्तिस्वरूप किस प्रकार वसीयत के बारे में ज़िक्र कर रहा था।

"सब मालूम है।" पिताजी ने सर्वज्ञ की भाँति गरदन हिलाते हुए कहा था, "वह वसीयत ही तो इनकी जान को बबाल बनी हुई है। ससुर साहब मरहूम उस वसीयत में एक ऐसा कटोरी-पेंच डाल गए हैं कि भैनाजी बौखला उठी हैं और वह कारिन्दा अपना उल्लू सीधा करने के लिए उन्हें और बौखलाए दे रहा है।"

माँ कुछ समझी नहीं थीं, लेकिन उन्हें पिताजी का इस प्रकार आत्मीयता के साथ बातें करना अच्छा लग रहा था। चोरों की तरह लुक-छिपकर मिलते-जुलते उन्होंने वर्षों गुज़ार दिए थे। अब वे उस पीड़ा से हमेशा-हमेशा के लिए मुक्त हो जाना चाहती थीं। इसीलिए बहुत कुछ न समझते हुए भी वे बड़े ध्यान से पिताजी

की बातें सुन रही थीं। पिताजी उन्हें वसीयत का वह अंश सुना रहे थे :

"...मेरी वफ़ात के बाद, मेरी कुलिया जायदाद, जिसमें ज़मीन के अलावा मुरादाबाद के सारे मकानात व बीसलपुर, इकरामपुर, हरेवली और दिनौड़ी के सारे बागान भी शामिल हैं, मन्दिर श्रीकृष्ण भगवान के नाम तावक़्त रहेगी जब तक कि मेरा नवासा अज़ीज़म चन्दन उर्फ़ चन्द्रनारायण बालिग़ नहीं होता। चन्दन की नाबालिग़ी के दौर में, मेरी दुख़्तर अशर्फ़ी कुँवर, चन्दन के वली की हैसियत से सारी जायदाद की देखभाल व इन्तज़ाम करेगी। लेकिन किन्हीं वजूहात से, अगर चन्दन उनके पास रहना पसन्द न करे तो इस जायदाद की देखभाल, वसूली व इन्तज़ाम वह शख़्स करेगा, जिसके पास कि चन्दन रहना पसन्द करे। मगर वह शख़्स, अशर्फ़ी कुँवर को, अपने गुज़ारे के लिए या तो तीन हज़ार रुपया सालाना या मकानात के किराए की कुल आमदनी, इनमें जो भी ज़्यादा हो, उसके ताहयात देता रहेगा।

"अगर चन्दन उर्फ़ चन्द्रनारायण के कोई औलाद ज़कूर न हो..." यहाँ आकर पिताजी हँस पड़े थे। बोले थे, "ससुर साहब मरहूम ने यह वसीयत उन दिनों लिखी थी, जब वे लक़वे के शिकार होकर पलँग पर पड़े थे। लिहाज़ा बड़ी फुरसत में थे। दूर तक की बातें सोचते थे। इसीलिए चन्दन की औलाद तक के लिए बन्दिशें तैयार कर गए हैं।"

माँ बड़े ध्यान से वसीयत सुन रही थीं, बोलीं, "आपको तो कुछ नहीं दिया?"

"चन्दन को दिया है यानी मुझे दिया है," पिताजी ने ज़रा भी असन्तोष प्रकट किए बिना कहा था।

लेकिन दरअसल माँ का आशय कुछ और ही था। वे इस बात पर आश्चर्यचकित थीं कि जब वकील साहब ने अपने दामाद का दूसरा विवाह रचाया तो वसीयत लिखते समय उन्होंने यह क्यों नहीं सोचा कि दूसरी पत्नी से भी उनके सन्तान हो सकती है और उसके लिए भी कुछ व्यवस्था की जानी चाहिए?

मगर माँ ने उस बात को और स्पष्ट करना ज़रूरी नहीं समझा। तभी पिताजी ने कहा था, "अभी चन्दन नाबालिग है। जिसके पास रहेगा, वही सारी जायदाद का मालिक या मुन्तज़िम होगा। लाला शान्तिस्वरूप को तकलीफ़ यही है और भैनाजी भी इसी बात से दुखी हैं कि उन्हें, और सिर्फ़ उन्हें ही, चन्दन का वली मुकर्रिर क्यों नहीं किया गया। उनके दूसरी तजवीज़ क्यों रख दी गई कि अगर चन्दन उनके पास रहना पसन्द न करे..." सहसा अपनी बात अधूरी छोड़कर वे माँ के पास खिसककर फुसफुसाते हुए बोले, "और जानती हो, यह सूझबूझ आपके इस ख़ादिम की थी। यह तो सभी को मालूम था कि ससुर साहब मरहूम चन्दन से बहुत प्यार करते थे, अपनी सब जायदाद उसी को देंगे। यह भी तक़रीबन तय ही था कि भैनाजी उसकी वली मुक़र्रिर की जाएँगी। लेकिन मैंने एक वहम अपने बीमार ससुर साहब के दिमाग़ में यह डाल दिया था कि मान लो, भैनाजी का इन्तक़ाल हो जाए या वे शादी कर लें या फिर से अपने पुराने पति के पास चली जाएँ तो इस जायदाद की देखभाल कौन करेगा? और इसी बात को मद्‌देनज़र रखते हुए उन्होंने यह लाइन जोड़ी थी कि अगर किन्हीं वजूहात से चन्दन उनके पास रहना पसन्द न करे तो इस जायदाद की देखभाल, वसूली व इन्तज़ाम वह शख़्स करेगा..." और फिर यहाँ बात अधूरी छोड़कर पिताजी ने कहा था, "अब

आप समझीं कि वह शख़्स मैं ही हूँ जिसके पास चन्दन रहना पसन्द करेगा। इसीलिए मोहतरमा भैनाजी, ससुर साहब के इन्तक़ाल के बाद से, इस नाचीज़ से ख़फ़ा हैं।...आया अक़ल शरीफ़ में?"

पिताजी कभी-कभी बहुत क्लिष्ट उर्दू बोल जाते थे, लेकिन माँ बात के सन्दर्भ से उसका अर्थ निकाल ही लेती थीं। अब पूरी बात आईने की तरह उनके सामने साफ़ थी। भैनाजी का भाई साहब के प्रति लाड़ और अतिशय दुलार और उन्हें किसी दूसरे के पास जाने से रोकने आदि की घटनाएँ एक नया अर्थ ग्रहण करती जा रही थीं। पिताजी को सारी स्थिति समझाते हुए माँ को लगा था कि उन्होंने उन बातों को सही धरातल पर पकड़ लिया है।

तभी पिताजी बड़ी ज़ोर से ठहाका लगाकर हँसे थे, "तुम कहाँ हो, बेगम! अब चन्दन नन्हा-सा बच्चा नहीं रहा कि उसे सिनेमा के टिकट, चाट के दोने या मिठाई देकर फुसला लिया जाए। मुझे तो पता चला है कि परसों लाला शान्तिस्वरूप उसे अल्लारक्ख़ी के यहाँ गाना सुनवाने ले गया था और रुपए भैनाजी ने दिये थे।"

माँ जैसे दो हज़ार गज़ की ऊँचाई से ज़मीन पर गिर पड़ी थीं। उन्हें सर्वथा अविश्वसनीय लगनेवाली बातों पर विश्वास करना पड़ रहा था।...वे भैनाजी, जिन्होंने अपनी सारी मान्यताओं के ऊपर चन्दन की परवरिश की थी, उनकी बीमारी में सात-सात दिन का निर्जल-निराहार व्रत रखा था, उसके स्वास्थ्य के लिए हज़ारों-लाखों जाप किए थे, एक टाँग पर खड़े रहकर तीन घंटे और पाँच घंटे की पूजा की थी–इतने नीचे गिर सकती हैं!

तभी पिताजी ने कहा था, "इसका मतलब यह नहीं है कि भैनाजी चन्दन को प्यार नहीं करतीं। हाँ, वे मुझसे नफरत ज़रूर करती हैं। क्योंकि वह कारिन्दा हरामज़ादा उन्हें यह समझाता रहता है कि अगर चन्दन कहीं अपने बाप के साथ गाँव चला गया तो चन्दन तो जाएगा ही, जायदाद भी चली जाएगी।"

पिताजी बिना लाग-लपेट के बहुत खुलकर बातें कर रहे थे, "देखो, कितनी अजीब बात है! मैं बाप हूँ, चन्दन का सगा बाप, लेकिन भेनाजी यह नहीं चाहतीं कि मेरा बेटा मुझसे मुहब्बत करे या मेरे पास रहे, जबकि मैं चाहता हूँ कि मेरे बेटे से सब मुहब्बत करें–भैनाजी भी और तुम भी।"

"मैं?" माँ ने ऐसे चौंककर कहा था जैसे एकदम असम्भव शर्त उन पर लाद दी गई हो, "मुझे कौन उससे मुहब्बत करने देता है?"

माँ का स्वर एक चिनगारी की तरह चमककर बुझ-सा गया था। मगर तभी पिताजी ने बात का सूत्र अपने हाथों में सँभालते हुए उनके कन्धे पर हाथ रख दिया था और बोले थे, "कोशिश में कशिश होती है। और मुझे मालूम है, तुममें एक कुदरती कशिश है। जानती हो, चन्दन तुमसे कितनी मुहब्बत करता है...?"

"नहीं," माँ ने आगे सुनने की उत्सुकता से चुपचाप गरदन हिला दी थी।

पिताजी बहुत धीमे और आह्लादपूर्ण स्वरों में बोले थे, "एक दिन मुझसे कह रहा था, 'पिताजी' मेरी तो कभी-कभी बहुत इच्छा होती है कि चलकर अपने गाँव में रहूँ और बीजी के हाथ की घी और नमक-लगी रोटियाँ खाऊँ।' "

पिताजी चुप होकर कुछ सोचने लगे थे। माँ की कल्पना में

कई साल पुराना वह चित्र उभरकर आया था जब उन्होंने चन्दन को घी और नमक-लगी रोटी खिलाई थी, साथ ही अकारण उनकी आँखें नम हो आई थीं और भैनाजी की फटकार के वे कड़वे-तीखे वाक्य अनायास उनके गले में आ फँसे थे।

"क्यों, तुम्हें कोई दिक़्क़त तो नहीं होगी अगर हम यहाँ से गाँव चले जाएँ?" पिताजी ने बहुत देर बाद एक प्रश्न किया था।

"मुझे?" माँ ने रुक-रुककर एक-एक शब्द को स्पष्ट करते हुए कहा था, "मेरे लिए इससे ज़्यादा खुशी की बात और क्या हो सकती है कि मैं अपने ढंग से जीने का रास्ता खोज लूँ और मुझे इस कैद से मुक्ति मिल जाए। सुनो, अगर यह सम्भव है, तो अभी चल दो न!"

"ठीक है, तुम चन्दन से कह रखना। हम कल चलेंगे।" पिताजी ने एक निश्चय पर पहुँचते हुए कहा था।

रात आधी से अधिक बीत चुकी थी। बातों में माँ को इस बात का ध्यान ही नहीं रहा था कि चोर-दरवाज़े की खिड़की खुली पड़ी होगी और भैनाजी उनकी प्रतीक्षा कर रही होंगी। ध्यान आते ही वे तुरन्त अचकचाकर उठ खड़ी हुई और उठते-उठते बोलीं, "चन्दन चलेगा भी?"

"चलेगा क्यों नहीं?" पिताजी ने बड़े विश्वास से उत्तर दिया था। हालाँकि यह दुविधा और शंका खुद उनके मन में माँ से किसी क़दर कम नहीं थी।

लेकिन अगले दिन जाना नहीं हो सका। माँ तो नहा-धोकर तैयार थीं। दो-चार काम लायक़ साड़ियाँ भी उन्होंने एक छोटे-से

बक्से में डाल ली थीं, लेकिन वे भाई साहब से बातें करने का अवसर नहीं खोज पाई थीं। इसी बीच में वह कहर टूट पड़ा।

बाहर से पिताजी की क्रोधपूर्ण आवाज़ और गालियाँ आने लगीं, "सूअर के बच्चे, नीच-कमीने! जिस थाली में खाता है, उसी थाली में छेद करता है! आज मैं तेरी बोटी-बोटी नोच लूँगा। तेरी ऐसी की तैसी, कुत्ते की औलाद! तेरी यह मजाल कि तू मेरे लिए फ़कीरों से भभूत लाए! साले, तेरी भभूत आज मैं झाड़ूँगा..."

और इसके बाद भभूत झाड़ने की आवाजें आने लगी थीं। पिताजी ने बेंत पटकना शुरू कर दिया था और रामफल की दिल दहला देनेवाली चीख़ें सारी हवेली में गूँज उठी थीं।

थोड़ी ही देर पहले भैनाजी ठाकुरजी को स्नान कराती हुई बड़बड़ा रही थीं, "राँड में न जाने कितनी आग है! रात को रोज़ाना दरवाज़ा खुला छोड़ जाती है। कहीं चोरी-वोरी हो गई तो उसके बाप का क्या जाएगा?" मालिन पास में खड़ी हाँ-में-हाँ मिलाती जा रही थी कि भैनाजी ने उसे भी आड़े हाथों लिया था, "तुझे क्या पड़ी थी दरवाज़ा खोलने की? ख़बरदार, जो आगे से कभी तूने ऐसा किया!"

रात माँ पिताजी के पास चली गई थीं–उसी पर भैनाजी क्षुब्ध थीं। यद्यपि मालिन पर डाँट पड़ रही थी किन्तु माँ जानती थीं कि यह उन्हें सुनाने के लिए कहा जा रहा है। बहुत देर तक वे मन-ही-मन कुढ़ती हुई यह सोच रही थीं कि मालिन भी बाल-विधवा है और रामकली भी–भैनाजी खुद इस श्रेणी में आती हैं, इसलिए हरदेई की वह बात ठीक ही है कि विधवाओं को सुहागिनों का सुहाग अखरता है। और फिर माँ सहसा इन बातों को ज़बरदस्ती

दिमाग़ से निकाल फेंकने के लिए अपना सामान बक्से में रखने लगी थीं।

ठीक उसी समय पिताजी गरजे थे और रामफल चीख़ने-चिल्लाने लगा था।

हवेली के बाजूवाली आबचक साफ़ हो चुकी थी। लेकिन आँगन की धुलाई जहाँ की तहाँ रुक गई। हवेली की औरतों का कलेजा मुँह को आने लगा और सारे नौकर काम छोड़कर दुबारी के दरवाज़े में खड़े होकर वही सब सुनने लगे।

रामफल अपनी ग़लती स्वीकार कर रहा था। उसने पिताजी के पाँव पकड़ लिये थे और माफ़ी माँगते हुए बताया था, "सरकार! मुझे भैनाजी ने हुक्म दिया था। उन्होंने ही रुपए दिए थे। उन्हीं के हुक्म से मैं उस फकीर के पास गया था, वरना सरकार, मेरा फकीरों से क्या वास्ता? मैं क्यों आपके लिए भभूत लेने जाता?"

"तेरी और फ़कीर की ऐसी की तैसी...!" पिताजी ने दाँत किचकिचाकर कहा था, "साले! मैं उन हड्डियों का बना हुआ नहीं हूँ कि इन टुचियल फ़कीरों की भभूत खाकर मर जाऊँगा।" और इसके बाद फिर बेतों की आवाज़ और रामफल की कातर फ़रियाद गूँज उठी थी।

"और बता..." पिताजी ने कड़ककर कहा था।

"बताता हूँ," रामफल ने रोते हुए कहा था और उसके बाद धीरे-धीरे हवेली के भीतर चलनेवाले षड्यन्त्रों का पर्दाफ़ाश हो गया था। मालिन और बूढ़ी रामकली कपड़ों के बावजूद जैसे नंगी हो गई थीं और भैनाजी ठाकुरजी के सामने बैठकर ज़ोर-ज़ोर से गायत्री का जाप करने लगी थीं।

भाई साहब पिताजी के पास खड़े यह सारा तमाशा देख रहे

थे और माँ भीतर रसोई के थमले से लगी बैठी थीं। उनकी समझ में नहीं आ रहा था कि यह ठीक हुआ या ग़लत कि तभी रामफल फिर बोला था, "मेरी क्या खता है, सरकार! मुझे तो मजबूर किया जाता था कि रोजाना आपकी बदनामी के झूठे किस्से गढ़कर चन्दन बाबू के सामने सुनाया करूँ। उसके लिए भैनाजी मुझे इनाम भी देती थीं।"

"भैनाजी क्या इनाम देंगी, मेरा इनाम भी तो देख!" कहकर पिताजी ने शायद कोई मोटी-सी चीज़ उठाकर उसकी ओर फेंक मारी थी। 'धम' से कुछ गिरने की आवाज़ हुई थी और रामफल 'हाय, मरा!' कहकर चिल्लाया था, "अब ऐसा नहीं करूँगा, सरकार! कभी नहीं करूँगा। कान पकड़ता हूँ, सरकार! काली गऊ करके छोड़ दो।"

बस, इसके बाद आवाज़ें आनी बन्द हो गई थीं। दुबारी में खड़े नौकर अपने-अपने काम में लग गए थे। भाई साहब खुशी में उछलते हुए ऊपर से आए थे और एक कोने में दुबकी-सहमी बैठी मालिन और रामकली को देखकर बोले थे, "तुम लोगों का नम्बर अभी तो नहीं आया। तुम क्यों रो रही हो?"

फिर वे माँ के पास चले आए थे और बोले थे, "बीजी, तुम बड़ी खराब हो। तुमने पिताजी के खाने में भभूत मिलाई थी?" उनकी बातों में इतना गहरा आश्चर्य था कि जैसे वे इस सारे घटनाक्रम पर विश्वास ही न कर पा रहे हों।

"मैंने क्या अपनी मर्ज़ी से मिलाई थी, बेटे?" माँ ने आँखों में उमड़ आई आँसुओं की बाढ़ रोकने की असफल कोशिश करते हुए सफ़ाई दी थी।

"हाँ-हाँ, वह सब मुझे मालूम है। साले रामफल ने चार बेंत पड़ते ही सब उगल दिया...लेकिन फिर भी सोचना तो चाहिए था

कि..." भाई साहब ने माँ की ओर देखा था और उन्हें अधीर देखकर तुरन्त बात बदलकर तेज़ी से बोले थे, "खैर...जो हुआ, अच्छा ही हुआ।"

और माँ को पहली बार अहसास हुआ कि चन्दन बड़ा हो गया है। वे हिसाब लगाने लगी थीं कि इस हवेली में आए उन्हें कितने वर्ष हो गए–दस, बारह या तेरह...और यह कि तब चन्दन कितना बड़ा था!...शादी की ठीक तारीख क्या थी?...और तभी किसी ने टोक दिया था और माँ का सारा हिसाब गड़बड़ा गया था।

वह दिन सचमुच मुक्ति का दिन था।

पिताजी धड़धड़ाते हुए आँगन में घुस आए थे और उन्होंने माँ से कहा था, "अरे, तुम अभी तक तैयार नहीं हुईं! जल्दी करो। इसी गाड़ी से जाना है।"

माँ को विश्वास नहीं हुआ था। हालाँकि रात सारी बातें तय हो गई थीं, फिर भी माँ को लगता रहा था कि पहले की तरह इस बार भी कुछ-न-कुछ अड़ंगा ऐसा लग जाएगा कि जाना न हो सकेगा। यह बात उन्होंने रात को पिताजी से भी कही थी मगर उन्होंने ध्यान नहीं दिया था। बोले थे, "इसका मतलब यह है कि अब तुम यहाँ से जाना नहीं चाहतीं।"

लेकिन वस्तुस्थिति यह थी कि माँ जल्दी-से-जल्दी वहाँ की घुटन से निकल भागना चाहती थीं। उनके मन में शंकाएँ इसलिए उठती थीं कि उन्हें यह विश्वास नहीं होता था कि उनका भाग्य सचमुच इतनी जल्दी पलट जाएगा। अतः पिताजी को आँगन में खड़ा देख उन्होंने तत्काल उत्तर दिया, "बस, अभी तैयार होती हूँ," और वे यह भूल गईं कि वे पिताजी से परदा करती हैं या उनके सामने नहीं आतीं।

पिताजी जल्दी करने को कहकर वापस लौट गए और माँ अपनी गिनी-चुनी धोतियाँ इकट्ठी करने में लग गईं।

थोड़ी देर बाद मालिन भैनाजी के कमरे में से निकली थी, "क्यों बहूजी, भला तुम क्यों जा रही हो?" उसने पहली बार थोड़ी-सी सहानुभूति और थोड़ा-सा आदर देते हुए माँ से पूछा था।

"और क्या यहाँ घुट-घुटकर मर जाऊँ?" माँ ने बड़ी कड़वाहट के साथ उत्तर दिया था और उनकी आँखों में दो दिन पहलेवाली रात सजीव हो उठी थी।

उस रात बहुत तेज़ वर्षा हुई थी। सही-साँझ से ही आँगन में दो-दो इंच पानी चढ़ गया था। इतनी ज़ोर से पानी गिर रहा था कि रसोईघर से निकलते-निकलते भी माँ के कपड़े भीग गए थे।

आकाश में निपट अन्धकार था और भैनाजी ने चन्दन भाई साहब का बिस्तर ऊपर लगवा दिया था। रसोई ख़त्म होने के बाद उन्होंने सारे दरवाज़ों में ताले ठुकवा दिए थे और मालिन और रामकली को भी ऊपर जाकर सोने का आदेश दिया था। माँ इसका मतलब नहीं समझी थीं। किसी से पूछ भी नहीं सकती थीं क्योंकि रामफल की पिटाई के बाद से भैनाजी, मालिन और रामकली—तीनों ने उनसे बोलना छोड़ दिया था। हरदेई को नौकरी

से निकाल दिया गया था। इसलिए माँ चुपचाप उस सारे नाटक को देख रही थीं।

थोड़ी देर बाद जब भैनाजी भी एकमात्र लालटेन उठाकर ऊपर चली गईं और ज़ीने का दरवाज़ा बन्द होने की आवाज़ आई तो माँ को पहली बार बिजली की उपयोगिता समझ में आई थी जिसको लगवाने का विरोध करने में उन्होंने भैनाजी का समर्थन किया था। अब उन्हें लगा था कि उन्हें जान-बूझकर अकेला कर दिया गया है और इस विचारमात्र से ही कि इस विशाल भाँय-भाँय करती हवेली में वे निपट अकेली हैं, उनकी चेतना संज्ञा-शून्य होने लगी थी। हर कोने में भय का भूत आ बैठा था और हर दरवाज़े में खड़खड़ाहट होने लगी थी। माँ ने पूरी रात जागते हुए काटी थी।

लेकिन मालिन पर उनकी बात का कोई असर नहीं हुआ। वह उसी तरह निर्लज्ज हँसी हँसती रही, बोली, "रुकोगी नहीं? चौधरी साहब भी चले जाएँगे तो फिर इस जायदाद की देखभाल कौन करेगा? भैनाजी को बड़ा दुख होगा।"

मालिन सिखाए हुए व्यंग्य की भाषा बोल रही थी, लेकिन माँ ने उसकी बात का उत्तर बड़ी गम्भीरतापूर्वक दिया, "भैनाजी को क्यों दुख होने लगा? उन्होंने सारी रचना ही इसलिए रची थी कि किसी तरह वे चले जाएँ। अभी तो उनकी भूख-हड़ताल के सात दिन भी पूरे नहीं हुए।"

"वह तो और बात थी।" मालिन खिसियाकर बोली, क्योंकि मालिन ने ही भैनाजी को भूख-हड़ताल के लिए उकसाया था।

हुआ यह था कि मन्दिर की झाँकियाँ उस बार बड़े ऊँचे पैमाने पर सजाई गई थीं। यों तो वकील साहब के ज़माने से ही हवेली की झाँकियाँ प्रसिद्ध थीं, किन्तु उनके मरने के बाद चूँकि सारी

जायदाद मन्दिर के नाम आ गई थी, इसलिए और भी ज़्यादा धूमधाम थी।

उस दिन जन्माष्टमी थी। दूर-दूर के मोहल्लों से युवा-बूढ़े, स्त्री-पुरुष और बच्चों की भीड़ झाँकियाँ देखने के लिए टूट पड़ी थी और उन्हीं में कहीं चौधरी हरदयाल सिंह भी अपनी वेश्या-पत्नी के साथ दर्शन करने चले आए थे।

उस समय मालिन और रामकली दोनों मन्दिर में थीं। वेश्या-पत्नी को देखकर मालिन ने रामकली से कुछ मन्त्रणा की थी और दर्शन करके चौधरी हरदयाल सिंह बगीचे में पिताजी के पास तक पहुँचे ही होंगे कि उनसे पहले ख़बर भैनाजी के पास पहुँच गई थी।

सूखी हुई लम्बी लकड़ी की तरह एकदम सीधी और सख़्त भैनाजी सीधी बगीचे में जा पहुँची थीं, "अब रंडियाँ यहाँ भी आने लगीं, चौधरी! भूल गए कि यह ठाकुरजी का मन्दिर है! बताए देती हूँ कि इसे फ़ौरन निकाल दो, वरना मुझसे बुरा कोई न होगा।"

गुस्सा होने के कई कारण तो भैनाजी के पास पहले से एकत्रित थे, लेकिन उनकी अभिव्यक्ति का अवसर उन्हें वही मिला। वे खड़ी-खड़ी क्रोध से थर-थर काँप रही थीं और चौधरी हरदयाल सिंह की पत्नी की ओर आग्नेय दृष्टि से ताके जा रही थीं।

पिताजी ने उन्हें शान्त करने की जितनी कोशिश की, वे उतनी ही उखड़ती गईं, बोलीं, "ठाकुरजी के मन्दिर में बैठकर मैं उस रंडी से डरूँगी! तुम्हें यहाँ रहना है तो मेरे हुक्म में रहना होगा, वरना अपना सामान उठाकर अभी चले जाओ।"

मेहमानों की उपस्थिति में अकारण ही बात बहुत आगे बढ़ गई थी। सारी भीड़ उधर ही इकट्ठी होने लगी थी। चौधरी हरदयाल सिंह चल दिए थे, मगर उनके सामने ही उनकी पत्नी का,

और साथ ही पिताजी का भी जो अपमान हुआ था, वह तिलमिला देनेवाला था। पिताजी मन में कहीं भैनाजी या उनके परिवार के प्रति इतने कृतज्ञ थे कि वे भैनाजी को भद्दी या असम्मानजनक बात नहीं कहना चाहते थे। लेकिन भीतर-ही-भीतर वे तिलमिला उठे थे। जलकर भैनाजी की धमकी के उत्तर में उन्होंने इतना ही कहा था, "मैं इस मकान से कहीं नहीं जाऊँगा। आपको जो करना हो, कर लीजिएगा।"

और भैनाजी ने सात दिन के निर्जल-निराहार व्रत की घोषणा की थी जो दो दिन पहले लाला शान्तिस्वरूप कारिन्दे के प्रयत्नों से टूट गया था। पिताजी अपना सामान फाटक के ऊपरवाले कमरे से उठाकर सड़क-पारवाले मकान में ले गए थे। भैनाजी की भी बात रह गई थी और पिताजी को भी निकलना नहीं पड़ा था।

मालिन शायद उसी घटना को सोच रही थी कि वस्तुतः उस बात को अभी सात दिन नहीं हुए। लेकिन तभी पिताजी दुबारा हवेली में आ गए और झुँझलाकर बोले, "तुम आख़िर कर क्या रही हो? एक कंडी और एक बक्सा ले लो, उसमें सबके कपड़े आ जाएँगे।" और उन्होंने तौलिए में लिपटे हुए अपने कपड़े माँ की तरफ़ बढ़ा दिये थे।

उसी समय 'शिव...शिव...रामा...रामा...कृष्णा...कृष्णा' कहती रामकली नहाकर निकली थी और पिताजी को आँगन में देखकर जल्दी से भैनाजी की कोठरी में घुस गई।

लेकिन माँ के पास खड़ी मालिन ने पिताजी को देखकर बड़ी मीठी आवाज़ में पूछा, "चौधरी जी, और कौन-कौन जा रहे हैं?"

पिताजी ने व्यंग्यपूर्वक मुस्कराकर उसकी ओर देखा और बोले, "और कौन जाएगा हमारे साथ? मुख़्तसिर-सा तो हमारा कुनबा ही है—मैं, चन्दन और उसकी माँ।"

"अच्छा, तो सब लोग गाँव जा रहे हैं!"

"जी हाँ," पिताजी ने उसी की-सी मिठास वाणी में लाते हुए गरदन हिलाकर कहा, "आप भी तशरीफ़ ले चलिए।" और मालिन भी हतप्रभ होकर भैनाजी के कमरे में घुस गई।

पिताजी अवाक् अकेले आँगन में खड़े रह गए, लेकिन कुछ क्षण सोचते रहने के बाद उन्होंने 'चन्दन-चन्दन' कहकर सहज किन्तु ऊँचे स्वर में भाई साहब को पुकारा और खाली आँगन में इधर-उधर नज़रें दौड़ाने लगे।

थोड़ी देर बाद भैनाजी चन्दन भाई साहब की बाँह पकड़े हुए अन्दर से निकली थीं। शायद वे आना नहीं चाहती थीं, या आने के लिए विवश की गई थीं। उनके चेहरे पर विषाद था। दोनों नौकरानियों ने उनके पीछे मोर्चा सँभाला था और अपनी स्थिति को अच्छी तरह तौलकर भैनाजी ने एक निर्जीव-सी ठंडी आवाज़ में कहा था, "चन्दन नहीं जाएगा।"

"क्यों?" पिताजी ने चौंकने का इतना ज़ोरदार नाटक किया, गोया यह एकदम अनहोनी और असम्भव बात हो। खुद भैनाजी उनकी इस मुद्रा से एक क्षण के लिए स्तम्भित हो गई थीं, लेकिन दूसरे ही क्षण सुस्थिर होते हुए उन्होंने रौब से कहा, "हमारी मर्ज़ी।" लेकिन उनका स्वर उतना सधा हुआ नहीं था जितना कि पिताजी का।

"मगर आप मर्ज़ीवाली होती कौन हैं?" पिताजी ने व्यंग्यमिश्रित हँसी के साथ भैनाजी की बात को ऐसा मोड़ दे दिया, जैसे उनके साथ बहुत बेहूदा मज़ाक किया जा रहा हो। उन्होंने आगे कहा, "लड़का मेरा है और यह मेरे सोचने की बात है कि मैं उसे कहाँ रखूँ।"

फिर वातावरण पर अपनी बात के प्रभाव का अनुमान लगाकर उन्होंने अपने तेवर बदल दिये और सौजन्य की पराकाष्ठा तक विनम्र होते हुए बोले, "मगर मैं यह नहीं कहता कि वह

आपके पास न रहे। आपने एक माँ से ज़्यादा ममता के साथ उनकी परवरिश की है। मैं आपका हक़ नहीं छीन सकता। छीनना चाहूँ तब भी चन्दन नहीं छीनने देगा। वह समझदार हो गया है। मगर आप क्यों मेरा और दूसरों का हक़ छीनना चाहती हैं? क्यों आप आज तक उसके और उसकी माँ के बीच में दीवार बनी खड़ी रहीं? बोलिए, है इन बातों का कोई जवाब आपके पास?''

भैनाजी अत्यधिक भावावेश के कारण उफन रही थीं, अतः बोल नहीं पाईं। कुछ क्षण बाद उन्होंने हारे हुए स्वर में कहा था, ''हाँ, अब यही तो कहोगे। लेकिन पाल-पोसकर इतना बड़ा इसने नहीं किया, मैंने किया है। इसका बस चलता तो आज लड़के की हड्डियाँ भी दिखाई न देतीं।''

''शिव-शिव-शिव!'' माँ ने अचानक शंकर भगवान का स्मरण कर कानों पर हाथ रख लिये थे।

''ठीक है। माँ डायन होगी तो बेटे को ही खाएगी?'' पिताजी ने ही व्यंग्यपूर्वक भैनाजी की बात का जवाब दिया और फिर माँ की ओर मुड़कर बोले, ''तुम खड़ी-खड़ी क्या सुन रही हो जी? गाड़ी का टाइम निकला जा रहा है।''

माँ उस वक़्त यह समझने की स्थिति में नहीं थीं कि पिताजी भाई साहब से सीधे चलने के लिए न कहकर, घुमा-फिराकर बातें क्यों कर रहे हैं, इसलिए मन-ही-मन झुँझला उठी थीं। उन्हें लगा था कि देखो, मुझ पर ही बिगड़ रहे हैं। यह नहीं सोचते कि आख़िर चन्दन को भी तो ले चलना है। पहले वह तो तैयार हो। मेरा क्या? मैं तो तैयार खड़ी हूँ।

लेकिन पिताजी ने फिर भी भाई साहब से कुछ नहीं कहा तो माँ गुस्से के मारे एक हाथ में अटैची और दूसरे हाथ में कंडी उठाकर आँगन के बीचोबीच जा खड़ी हुईं।

आख़िर हारकर पिताजी को कहना पड़ा, "चन्दन, थोड़ा-सा सामान तुम ले लो।" और फिर तत्काल ही दूसरा वाक्य उन्होंने मालिन से कहा, "क्योंजी, एक गिलास पानी मिल जाएगा...लेकिन सुनिए, उसमें भभूत मत मिलाइएगा।"

पिताजी की व्यंग्योक्ति से ऐसा लगा था, जैसे सब कुछ पूर्व-निश्चित है और वे उस सारी स्थिति को बहुत ही सहज और स्वाभाविक मानकर चल रहे हैं। लेकिन वस्तुतः उनके भीतर आशाओं और आशंकाओं का एक गहरा अन्तर्द्वन्द्व चल रहा था। चन्दन जाएगा या नहीं? कहीं मना कर दे तो? नहीं, नहीं, ऐसा नहीं होगा...! वे अपने आपसे लड़ रहे थे और इसलिए उनके होंठ खुश्क हो गए थे। उन्होंने एक गिलास पानी माँगा था।

लेकिन भाई साहब जैसे पिताजी के ही आदेश की प्रतीक्षा में खड़े थे। एक झटके से अपनी बाँह छुड़ाकर वे आँगन में माँ के पास जा खड़े हुए और बोले, "बीजी, मुझे यहीं छोड़ जाओगी?"

बीजी यानी माँ भावुकता के अतिरेक के कारण अपनी रुलाई नहीं रोक पाई थीं, न सहसा वे कुछ उत्तर ही दे सकी थीं, मगर भाई साहब के सिर पर हाथ रखकर उन्होंने वह सब कहने की कोशिश की थी, जो वे महसूस कर रही थीं।

पिताजी ने 'शुक्रिया' कहकर पानी का गिलास लौटा दिया था और मूँछों में मुस्कराकर आँखों की नमी छिपाते हुए बाहर निकल गए थे। जाते-जाते उन्होंने कहा था, "चन्दन! बेटे, ज़रा जल्दी करना। मैं बग्घी तैयार करता हूँ।"

वह दिन विदाई की सारी पीड़ा और करुणा का प्रतीक बन गया था।

भैनाजी के सामने स्थिति को स्वीकार करने के अलावा कोई विकल्प नहीं रह गया था। वे डार से बिछुड़ी हिरनी की तरह अकारण सारी हवेली में घूमती हुई एक निरर्थक व्यस्तता की ओट में अपने-आपको ढँकने और छिपाने की कोशिश कर रही थीं; किन्तु उसी समय जब उन्होंने भाई साहब को माँ के साथ हवेली से बाहर निकलते देखा तो अपने-आपको रोक नहीं पाईं और झपटकर उन्हें सीने से चिपटा लिया। तीन बार उनका माथा चूमा और लपककर मालिन से बोलीं, "अरी, तू खड़ी है! जा, जल्दी से भैया के सामान का सन्दूक ले आ। ऐसे घर में जाएगा तो कोई क्या कहेगा?"

फिर भैनाजी ने अपने हाथों भाई साहब के कपड़े रखे, सामान सजाया और उनसे नए कपड़े पहनने का आग्रह करने लगीं।

एक क्षण के लिए तो माँ को लगा था कि यह प्रदर्शन भी कपड़े रखने का एक बहाना है ताकि गाँव में लोग कहें कि भैनाजी कितने चाव से चन्दन को रखती थीं। लेकिन दूसरे ही क्षण जब भाई साहब ने उनके गले में हाथ डालकर प्यार से कहना शुरू किया, "भेना, मैं कुछ दिनों के लिए ही तो गाँव जा रहा हूँ। थोड़े दिनों के बाद फिर तुम्हारे पास आ जाऊँगा। तुम फिकर मत करना," तो भैनाजी के चेहरे की कान्ति जुगनू की तरह चमक-चमककर बुझ रही थी। फिर भी वे उन्हें छोड़ने के लिए बग्घी तक आई थीं और बार-बार उनकी शेरवानी के बल निकाल रही थीं।

"अच्छा, भेना!" भाई साहब ने हाथ हिलाते हुए जब घोड़ी की रास अपने हाथों में ले ली तो माँ ने पहली बार देखा कि भैनाजी की आँखों में असमर्थता या निरीहता जैसी कोई चीज़ उभर आई है।

फिर जैसे ही बग्घी चलने को हुई, भैनाजी ने झुककर माँ के दोनों हाथ पकड़ लिये, "देख, तुझे कसम है ठाकुरजी की," उन्होंने फुसफुसाकर कहा, "चन्दन को कोई तकलीफ़ मत होने देना।"

माँ का कलेजा मुँह को आने लगा था। लेकिन उत्तर की प्रतीक्षा किए बिना ही भैनाजी वापस लौट गई थीं।

इस तरह, भाई साहब का मुरादाबाद से उखड़कर बीसलपुर चले आना अपने-आप में एक बड़ी विजय थी। लेकिन यह माँ की मूक ममता की उपलब्धि थी या पिताजी के चतुर वात्सल्य का परिणाम, यह प्रश्न आज भी अनुत्तरित है।

उस दिन पूरी कहानी सुनाकर माँ ने भाभी के सामने इस प्रश्न का कोई उत्तर नहीं दिया था। "इसका उत्तर तो चन्दन ही दे सकता है।" माँ ने भाभी को समझाया था, "तू उसी से पूछना।"

फिर शायद एक अन्तिम प्रश्न मैंने पूछा था और भाभी ने उसे ही दुहराया था, "हाँ, चाचीजी, यह तो आपने बताया ही नहीं कि

मुरादाबाद से निकलकर आप बीसलपुर ही क्यों गईं, यहाँ क्यों नही आईं?''

''यहाँ क्या था?'' माँ ने एक बार फिर अतीत में लौटते हुए कहा था और उनकी आँखों में वह दृश्य साकार हो गया था जब उस दिन स्टेशन पर पहुँचकर उन्होंने पिताजी से यही प्रश्न पूछा था, ''अब कहाँ?''

''बीसलपुर।'' पिताजी ने संक्षिप्त-सा उत्तर दिया था। माँ ने भी बात आगे नहीं बढ़ाई थी। बीसलपुर की ओर जानेवाली गाड़ी के इंटर क्लास के डिब्बे में माँ, पिताजी और भाई साहब इस ख़ामोशी से जा बैठे थे, मानो किसी मातमपुरसी में शामिल होने के लिए जा रहे हों!

थोड़ी देर बाद पिताजी ने ही ख़ामोशी तोड़ी थी, ''वहाँ जाकर खेती करूँगा। बहुत-सी ज़मीन बेकार पड़ी है। कुछ पर काश्तकारों ने क़ब्जा कर रखा है, उसे छुड़वाकर खुदकाश्त ले लूँगा।''

''अच्छा है,'' माँ ने कहा था। साथ ही दूसरा विकल्प रखते हुए बोली थीं, ''लेकिन राजपुर चलते हो...?''

''वहाँ क्या है?'' पिताजी ने उत्तर दिया था, ''मकान हैं, वे खँडहर खड़े हैं। ज़मींदारी है, वह कर्ज़ में मक़फ़ूल है। ज़मीन है, उसे भतीजा जोत रहा है। वहाँ जाकर करूँगा क्या?''

''आख़िर अपना घर है।'' भाई साहब ने बहुत देर बाद कहा था।

''शाब्बास!'' पिताजी ने उनकी पीठ ठोंकी थी, ''रहना आख़िरकार वहीं है। वहीं मरना भी है। पर अभी नहीं। वहाँ तुम लोगों को तब ले जाऊँगा जब पहले रहने लायक़ मकान बनवा लूँगा। थोड़ा-बहुत जो कर्ज़ रह गया है, उसे अदा कर लूँगा। अभी

तो यहीं के पचड़े बहुत हैं।''

''यहाँ कौन-सा पचड़ा है?'' माँ ने कहा था, ''एक वसूली की बात है, वह वहाँ से आकर भी कर सकते हो।''

पिताजी हँसे थे। बोले, ''तो तुम्हें कुछ मालूम नहीं? मगर मेरे जासूस मुझे पल-पल की ख़बर देते रहते हैं। ताज़ा ख़बर ये है कि लाला शान्तिस्वरूप ने भैनाजी को इस बात पर क़रीब-क़रीब रज़ामन्द कर लिया है कि वे मुझ पर पिछले पाँच साल का बक़ाया लगान अदा न करने की नालिश ठोक दें। और मामला वकीलों के सुपुर्द किया जा चुका है।''

''कैसी नालिश? कैसा लगान? कौन-सी ज़मीन?'' भाई साहब ने झल्लाकर कहा था, ''आप कोई काश्तकार हैं उनके?''

''मैं था नहीं, लेकिन अब होने जा रहा हूँ।'' पिताजी ने अपनी सुचिन्तित और संक्षिप्त-सी योजना सामने रखते हुए कहा, ''अगर दावा हुआ जो कि होगा ही, तो मैं यह तसलीम करूँगा कि मैं बेशक, मन्दिर की उस तीन सौ एकड़ ज़मीन का काश्तकार हूँ, जिसका मालिक मेरा लड़का और वली भैनाजी हैं। चूँकि रिश्ते इतने क़रीबी हैं, इसलिए मैंने कभी इन लोगों से रसीद नहीं ली और लगान बराबर अदा करता रहा हूँ।''

''इससे क्या होगा?'' माँ ने ज़्यादा न समझते हुए भी मोटी-सी बात कही थी, ''उलटे आप पर डिग्री हो जाएगी।''

''हो जाए। लेकिन पन्द्रह सौ बीघा ज़मीन भी तो मौरूसी हो जाएगी।'' पिताजी ने बात साफ़ करते हुए कहा था, ''उनका क्या, उन्होंने तो बिना सोचे-समझे सिर्फ़ झाँकियोंवाले झगड़े की चुस निकालने और मुझे केवल परेशान करने के लिए यह योजना बनाई थी। सोचा था, मुक़दमेबाजी के ख़र्च से तंग आकर मैं भैनाजी के चरणों में जा पड़ूँगा। दूसरी बात शायद लाला

के दिमाग़ में यह भी होगी कि यदि मैं भैनाजी की शरण में नहीं आया तो मेरे और भैनाजी के ताल्लुक़ात कशीदा हो जाएँगे और उसे अपना चमड़े का सिक्का चलाने का मौक़ा मिलेगा। यह कहाँ सोचा होगा कि ज़मीन भी निकल जाएगी।''

...और थोड़े दिनों बाद ठीक वैसा ही हुआ था। भैनाजी और पिताजी की मुक़दमेबाज़ी शुरू हो गई थी। पिताजी ने सहज भाव से अपना काश्तकार होना स्वीकार कर लिया था, साथ ही यह भी बताया था, ''चूँकि मेरा लड़का अब मेरे साथ रहता है और वसीयत के बमुजिब अब उसका वली मैं हूँ, न कि अशर्फ़ी कुँवर...लिहाज़ा इसी बात से जलकर, महज़ मुझे परेशान और ज़लील करने के इरादे से यह नालिश की गई है। इसमें हक़ीकत कुछ नहीं है।''

सालभर से ऊपर मुक़दमा चला था। अन्त में डिप्टी कुँवर महेन्दर सिंह ने फैसला देते हुए लिखा था : 'बात एकदम साफ़ है। बेटा मालिक है, बाप काश्तकार। बेटा बाप से लगान ले या न ले, यह एक अलग बात है। लेकिन अशर्फ़ी कुँवर वली थीं तो इसलिए थीं कि बाप ने अपनी शराफ़त के कारण अपने पितृत्व के अधिकारों का उपयोग नहीं किया था। वह चाहता तो वसीयत के अनुसार अपने बेटे को अपने साथ रखकर खुद वली बन सकता था। लिहाज़ा दावा फ़र्जी मालूम होता है। मय-ख़र्चे के ख़ारिज किया जाता है।'

सब पहले से ही सटा-गठा मामला था।

लेकिन माँ का दिमाग़ रेलगाड़ी से भी ज़्यादा तेज़ रफ़्तार से यही कल्पना कर रहा था कि अगर डिग्री हो गई तो क्या होगा? रह-रहकर उन्हें इस बात का पश्चात्ताप हो रहा था कि वे गुस्से

में अपने चढ़ावे के ज़ेवर भी मुरादाबाद ही क्यों डाल आई। साथ होते तो कल को कितने काम आते!

लेकिन बीसलपुर में पैसों की कमी नहीं पड़ी थी। भाई साहब की ज़मींदारी की वसूली के अलावा खेती की ही इतनी ज़बरदस्त आमदनी थी कि माँ कुछ ही दिनों में रुपयों में खेलने लगीं। डेरा पक्का हो गया था। राजपुर के मकान भी फिर से पक्के बन गए थे। ज़मींदारी कर्ज़ से मुक्त हो गई थी। बीस बैल, खेती के लिए और ख़रीद लिये गए थे। फिर भी पैसा साथ छोड़ने को तैयार नहीं था। तब माँ ने ज़ेवर बनवाने शुरू किए थे—कंगन, बाजूबन्द, मटरमाला, नेकलेस, कर्णफूल, चूड़ी और यहाँ तक कि तगड़ी भी सोने की ही बनवाई थी। सोने से लद गई थी माँ।

लेकिन बस थोड़े ही दिनों तक यह हालत रही थी। उसके बाद वैसा ही ख़र्चा भी होने लगा। पैसे की कमी तो फिर भी नहीं पड़ी। लेकिन पैसा पानी की तरह बहने लगा। गाँव की नटनियाँ डेरे में आने लगीं। नाच-रंग के प्रोग्राम और शराब के दौर चलने लगे और माँ ने जो सोचा था, सब उलट गया।

भाई साहब की तबीयत बीसलपुर में लग गई थी। शराब और शिकार का चस्का लग गया था। पिताजी ने छूट दे रखी थी, इसलिए नाच-रंग में भी शामिल हो जाया करते थे। मुरादाबाद जाने को उनका मन नहीं करता था। जाते तो बहुत जल्दी लौट आते थे।

माँ फिर अकेली हो गई थीं।

भाई साहब घर आते ही बहुत कम थे। ज़्यादातर पीकर बाहर पड़े रहते। माँ चिल्लातीं तो पिताजी डाँट देते, "तुम ज़रूर उसे यहाँ से भगाकर छोड़ोगी!" और इस बात से माँ सहम उठती थीं। पिताजी ने उन्हें कई बार समझा दिया था कि चन्दन के जाने के

बड़े दूरगामी प्रभाव हो सकते हैं—आर्थिक, सामाजिक और वैयक्तिक भी।

फिर भी जब माँ का मन उन्हें कोंचता तो पिताजी झल्लाकर कह देते, "आख़िर रहीं तुम हलजोता की हलजोता ही। अरे, चन्दन ज़मींदार है, ज़मींदार का बेटा है, ज़मींदारोंवाली आदतें नहीं सीखेगा तो क्या धुने-जुलाहोंवाली सीखेगा! पुराने ज़माने में तो बड़े घरों के लड़कों को तहज़ीब और अदबो-आदाब सीखने के लिए तवायफ़ों के पास ट्रेनिंग के लिए भेजा जाता था।"

माँ मन मारकर चुप हो गई थीं और फिर चुप रहने और देखकर भी सब कुछ सहने की आदत पड़ती गई।

"फिर आपको बुरा नहीं लगता था?" मंडावलीवाली भाभी ने डूबते हुए सूरज को सिर पर महसूस करते हुए आकाश की ओर आँखें उठाकर पूछा था। लेकिन माँ को लगा था, जैसे किसी ने कोई बहुत सख़्त बात कह दी हो!

वे फ़ौरन वर्तमान में लौट आई थीं। बोली थीं, "लगता तो बहुत कुछ था। मगर कर क्या सकती थी? होंठ सीकर रह जाना पड़ता था। सोचती थी—पहले मौसी की ममता थी, अब बाप का अधिकार है। मैं ज़्यादा कहूँगी तो लोग सौतेली-सौतेली कहकर मुझे ही बदनाम कर देंगे। इसलिए चुपचाप घुटती रहती थी।"

"अच्छा!" एक बहुत लम्बी साँस छोड़कर भाभी ने कहा था, जिसका सकारात्मक या नकारात्मक कुछ भी अर्थ निकाला जा सकता था।

माँ ने जाने क्या अर्थ निकाला था! मेरे सिर पर हाथ रखते हुए, एक क्षण के लिए हिचकिचाकर उन्होंने कहा था, "यह उन दिनों पेट में था। इसलिए मेरी वह परेशानी और घुटन इसके

स्वभाव में उतर आई है। तू तो इसे देखती ही है—कैसा ख़ामोश-ख़ामोश-सा रहता है हर वक़्त!" माँ की मुखमुद्रा से ऐसा लगा था, जैसे वे अपनी निर्दोषता सिद्ध करने के लिए मुझे सफ़ाई में पेश कर रही हों!

"सो तो है।" भाभी ने उठते हुए कहा था और फिर तेज़ी से बोली थीं, "दिन ढलने लगा है चाचीजी, अब चलूँगी।"

खंड : तीन

आज वे सब बातें कितनी साफ़ हैं, लेकिन तब...? अपने प्रश्नों का उत्तर मुझे किसी एक से नहीं मिला था। माँ के अलावा मुंशीजी के बस्ते से और ख़तों से, कल्यान चाचा के क़िस्सों से, ओख़्ख़ो भाई साहब की बड़बड़ाहट से, पिताजी की लच्छेदार गालियों से और मंडावलीवाली भाभी की मुस्कराहटों से मैंने अपने प्रश्नों के उत्तर की एक रूपरेखा बनाई थी। मगर उसे तैयार करने में मेरे कच्चे व्यक्तित्व को कितना ज़बरदस्त तनाव और कष्ट झेलना पड़ा था—इसकी आप कल्पना नहीं कर सकते। आप इससे अधिक और क्या सोच सकते हैं कि मैं आपको एक रोचक कहानी सुना रहा हूँ। आप या कोई और यह कैसे

जान सकता है कि बचपन में घटनेवाली छोटी-छोटी घटनाओं के सागर में से, मेरे अबोध मन ने किस प्रकार अपने प्रश्नों का उत्तर देने लायक़ घटनाएँ मोती की तरह चुनी थीं?

उस दिन भाई साहब चले गए थे। किसी को यह भी ध्यान नहीं आया था कि उनके पास रेल का किराया भी है या नहीं। खुद भाई साहब को भी यह ध्यान नहीं था। वह तो गाँव से बाहर निकलकर उन्हें याद आया और तभी यह भी ध्यान आया कि माँ की साड़ियों का डिब्बा भी उन्हीं के बक्से में वापस जा रहा है।

वे माँ को डिब्बा देने के लिए लौट आए थे, मगर उन्होंने हमेशा की तरह, 'बीजी, एक नोट निकालो' नहीं कहा था और न माँ को ही याद आया था।

माँ समझती थीं कि भाई साहब सिर्फ़ उनका मन रखने के लिए रुपया माँग लेते हैं, किन्तु भाई साहब वास्तव में जितना भी रुपया लेकर आते, सब गाँव में ही फूँककर लौटते थे। यार-दोस्तों को शहर ले जाना, खिलाना-पिलाना, सिनेमा दिखाना आदि न जाने उनके कितने शुगल थे!

मुझे उन मिठाइयों और फलों की खूब याद है जो इन्दल या कल्यान चाचा झोले से निकालकर इस रौब से गाँव के बच्चों में बाँटा करते थे, गोया पैसे भी उनकी जेब से ही ख़र्च हुए हों! मैं तब तक यही जानता था कि भाई साहब के पास पैसों की कमी हो ही नहीं सकती।

इसीलिए उस दिन मैं आश्चर्यचकित हो गया था। रसोईघर से बाहर निकलकर उन्होंने मुझे एक छोटी-सी चिट्ठी दी और फुसफुसाकर कहा, "गुलाबी भाभी को चुपके से दे देना। लेकिन ख़बरदार, कोई देखने न पाए!"

"उत्तर भी लाना है?" मैंने पूछा था।

"नहीं, नहीं," उन्होंने कहा था, "इतना टाइम नहीं है। ताँगा गाँव के बाहर खड़ा है। लेकिन सुन, वे कुछ रुपए देंगी। तू चुपके से ले आना। मेरे पास तो, यार, किराए के भी पैसे नहीं हैं।"

"ऐं!" मैं सहसा चौंक उठा था।

"पैसे नहीं हैं तो माँ से ले लिये होते।" और मुझे याद आया था कि डेढ़-दो रुपए तो मेरी गुल्लक में भी होंगे। फ़ौरन मुझे लगा था कि भाई साहब पर एक अहसान करने का यह अच्छा मौक़ा है।

मगर मैं कुछ कहूँ, इससे पहले ही वे झुंझलाकर बोले, "तुम एकदम बच्चे हो। बात को समझते नहीं हो। जैसा मैं कह रहा हूँ, चटपट वैसा ही करो और जाकर यह चिट्ठी दे आओ। मगर बीजी को पता नहीं चलना चाहिए।"

"नहीं चलेगा," कहकर मैं सीधा कच्चे की ओर रवाना हो गया था और भाई साहब पिलखन के नीचे खड़े होकर मेरा इन्तज़ार करने लगे थे। जाते-जाते उन्होंने फिर याद दिलाई थी, "जल्दी आना। मैं इन्तज़ार कर रहा हूँ।" और मैं 'हो' कहकर भागा चला गया था।

उस वक़्त हलकी-हलकी धूप निकल आई थी। मंडावलीवाली भाभी आँगन में बैठी हुई धान फटक रही थीं। अमरूद के पेड़ पर बहुत सारी चिड़ियाँ बैठी हुई थीं। उनमें से कुछ भाभी के छाज के सामने इकट्ठी हुई फटकन में मुँह मारतीं और भाभी जब छाज चलातीं तो उछलकर पीछे हट जाती थीं। आँगन में और कोई नहीं था।

मैंने चिड़ियों को परेशान करना उचित नहीं समझा। इसलिए भाभी के सामने खड़े होने की बजाय, पीछे जा खड़ा हुआ। "आओ,

लाला!" भाभी ने फ़ौरन छाज से हाथ खींचकर जैसे खुशामद करते हुए कहा और फिर पूछा, "चले गए?"

"नहीं।" मैंने उत्तर दिया, "पिलखन के नीचे खड़े इन्तज़ार कर रहे हैं।"

"ऐं!" भाभी ने चौंककर छाज एक तरफ़ पटख़ दिया। बहुत सारी चिड़ियाँ एकबारगी उड़कर अमरूद के पेड़ पर जा बैठीं। मगर उस ओर ध्यान दिए बिना ही भाभी ने आँखें फाड़कर पूछा, "कहाँ? पिलखन के नीचे?"

उनकी वाणी में घनघोर आश्चर्य था, मानो उन्हें विश्वास ही न हो कि पिलखन के पेड़ के नीचे भी इन्तज़ार किया जा सकता है।

मैं इस दुविधा में था कि उन्हें पत्र कैसे दूँ? मुझे यह बात अपने-आप में बड़ी छोटी लग रही थी कि भाई साहब जो खुद इतने अमीर हैं, किसी और से रुपया माँगें! पत्र पहुँचाने भर की बात होती तो इससे पहले भी कई पत्र मैंने भाभी को दिये थे। मगर यहाँ तो रुपए माँगने की बात थी।

तभी भाभी ने उत्सुकता से पूछा, "मेरे लिए कुछ कहा है?"

"हाँ, यह चिट्ठी दी है।" मैंने फ़ौरन उचित अवसर पाकर चिट्ठी उनके हाथों में दे दी।

भाभी ने माथे से लगाकर परचा खोला था। पीछे खड़ा होने के कारण मेरी भी नज़र उस पर पड़ी। कुल सात-आठ पंक्तियों की चिट्ठी थी। मगर मैं मुश्किल से 'प्यारी गुलाबी भाभी' के आगे दो-तीन पंक्ति पढ़ पाया था कि उन्होंने कागज मोड़कर ब्लाउज़ में ठूँस लिया और बोलीं, "हाय राम! तुमने अब तक बताया नहीं। ख़ैर, तुम यहीं रुकना। मैं अभी आई।"

इतना कहकर गुलाबी भाभी तेज़ी से परले बगड़ की ओर भाग गई थीं और क़रीब दस मिनट बाद लौटी थीं। उनके हाथों में पाँच-पाँच रुपए के पाँच नोट थे, जिन्हें मेरे हाथों में थमाते हुए वे बोलीं, "मुझे देर हो गई लाला, मेरी तरफ़ से माफ़ी माँग लेना। और कहना, अपना ख़याल रखें।"

मैंने भाभी की बात ज्यों की त्यों भाई साहब से कह दी थी। रुपए लेते हुए उन्होंने खुद ही पूछा था, "कुछ कहा है?" लेकिन भाई साहब ने उनकी बात पर ध्यान नहीं दिया था।

दो-एक महीने बाद ही मुरादाबाद से पत्र आ गया था कि 'भाई साहब पिछले दो सप्ताह से बीमार हैं। अधिक शराब पीने के कारण उनकी आँतें कट गई हैं। बहुत खून जाता है। आप फ़ौरन चले आइए।'

ख़त बीसलपुर के सोरनसिंह का था और मुरादाबाद से लिखा गया था।

पिताजी ने पढ़ते ही कहा था, "सोरन भी वहाँ पहुँच गया। मुझे इत्तिला तक नहीं दी गई।" और उनके चेहरे पर अजीब-सी पस्ती छा गई थी।

खुद माँ भी बहुत चिन्तित हो उठी थीं, "पन्द्रह दिन से बीमार है। बीसलपुर तक से लोग आ गए। तुम भी फ़ौरन चले जाओ।"

"मैं हरगिज़ नहीं जाऊँगा।" पिताजी ने गुस्से में उत्तर दिया था, "ये कोई बात है! हरामज़ादे मुझे ख़बर तक नहीं भेजते। अगर ख़ुदा-न-ख़ास्ता लड़के को कुछ हो गया तो सालों पर वो डंडे बजवाऊँगा कि सात पुश्तों तक याद करेंगे।"

"यह शेखी बघारने का वक़्त नहीं।" माँ उनकी बेवक़्त की बकवास से चिढ़कर बोलीं, "वहाँ तुम्हारी दादी बैठी है न, जो तुम्हें ख़बर भेजेगी! बताए देती हूँ–पछताओगे। मुझसे कहकर गया है–बीजी, मुझे पिताजी ने मारा है। मैं अब कभी यहाँ नहीं आऊँगा। यक़ीन न आता हो तो पूछ लो छोटे से।"

छोटे से, यानी मुझसे। मेरे सामने तो उन्होंने कुछ नहीं कहा। मुझसे तो यही कहकर गए थे कि मैं जल्दी आऊँगा। तेरे लिए एयरगन भेजूँगा। हाँ, माँ से उन्होंने न आनेवाली बात ज़रूर कही थी। ऐसा माँ ने बताया था।

"बको मत!" पिताजी ने चीख़कर कहा था। मुझे लगा कि भाई साहब के न आनेवाली बात उन्हें बहुत नागवार गुज़री है।

शाम को मुंशीजी आए थे। झोला लटकाए और बेंत हिलाते हुए वे आँगन के बीचोबीच आ खड़े हुए थे। उनकी दाढ़ी और जूतों पर जमी हुई गर्द साफ़ बता रही थी कि वे सीधे स्टेशन से आ रहे हैं।

"ख़ैरियत तो है?" पिताजी ने अचानक मुंशीजी को इतनी ख़ामोशी के साथ आँगन में आ खड़े होते देखा तो झोले में कपड़े रखते हुए उनके हाथ जहाँ के तहाँ रुक गए।

"अल्लाह का फ़ज़ल है।" मुंशीजी ने दाढ़ी पर हाथ फेरते हुए कहा था और पिताजी फिर कपड़े रखने लगे थे।

"मुरादाबाद होते हुए आ रहे हो?" पिताजी ने बात आगे बढ़ाई तो माँ भी रसोईघर से दरवाज़े की तरफ़ खिसक आई थीं।

"जी हाँ।" मुंशीजी ने बड़े इतमीनान से जवाब दिया था, "बाबूजी की तबीयत अब बहुत बेहतर है। डॉक्टरों ने सलाह दी

है कि ज़रा और ठीक हो जाएँ तो उन्हें कहीं समुद्र के किनारे ले जाना मुनासिब होगा।''

''मैं रात की गाड़ी से वहाँ जा रहा हूँ।'' पिताजी ने सन्तोष की साँस लेते हुए कहा था, ''मगर आपने मुझे पहले इत्तिला नहीं दी?''

मुंशीजी जवाब देनेवाले थे कि इतने में ही माँ ने एक और सवाल कर दिया, ''इलाज तो ठीक हो रहा है न? देखभाल कौन करता है?''

''भैनाजी।'' मुंशीजी ने संक्षिप्त-सा उत्तर दिया था और फिर पिताजी के सवालों की ओर मुख़ातिब होते हुए बोले थे, ''इलाज में कोई कमी नहीं है। शहर के सारे बड़े-बड़े डॉक्टर वहाँ ज़मा रहते हैं। लेकिन आपको ख़बर मैं इसलिए नहीं दे पाया कि मैं खुद वहाँ परसों पहुँचा।''

''हूँ!'' पिताजी ने कुछ सोचते हुए कहा था।

''वैसे उनकी बीमारी की खबर मुझे बीसलपुर में मिल गई थी। उन्होंने सोरनसिंह को बुलाने के लिए चिट्ठी लिखवाई थी। लेकिन मैंने समझा कि मामूली बुखार-बुखूर होगा। इसलिए तहसील वसूल करने में लगा रहा।''

फिर उन्होंने अपना झोला माँ की तरफ़ बढ़ाते हुए कहा था, ''इसे रख लीजिएगा, माँ जी! इसमें कुछ फल और तीन हज़ार रुपए हैं। मैं बाबूजी को रुपए देने के लिए गया था, मगर वहाँ के हालात देखकर यहीं ले आया।''

माँ ने झोला मुंशीजी के हाथ से ले लिया था। थोड़ी देर वे उसे हाथ में डालकर घुमाती रही थीं, फिर उसमें से सामान निकालती हुई बोलीं, ''फल तो वहीं दे आते तो ठीक रहता।''

मुंशीजी मुस्कराए, ''फल तो उन्होंने ही भिजवाए हैं। कह रहे

थे, डॉक्टरों ने फल खाने को क्या कहा, भैनाजी ने मेरे सिरहाने फलों की दुकान ही खोल दी। लल्लू होता तो उनके ठाठ रहते। आप ये फल उसे दे दीजिएगा।''

माँ ने फलों का पैकेट एक तरफ़ रखते हुए चुपचाप मेरी ओर देखा था। मैं तटस्थ द्रष्टा की तरह शान्त भाव से पीढ़े पर बैठा हुआ सारी बातें सुन रहा था। अपना प्रसंग उठा देखकर चुप न रह सका, पूछ ही बैठा, ''और भी कुछ दिया है भाई साहब ने?''

मुंशीजी फिर मुस्कराए, हँसकर बोले, ''जी हाँ, आप ही की वजह से तो एक दिन की देर हो गई। आपकी वह हेयरगन...।''

मुंशीजी की बात पूरी भी नहीं हुई थी कि मैं खिलखिलाकर हँस पड़ा, ''हेयरगन नहीं, एयरगन, मुंशीजी!''

''जी हाँ, एयरगन ही सही, तो आपकी वह एयरगन मिलकर ही नहीं दी।''

''नहीं मिली?'' मैंने चौंककर पूछा।

''जी नहीं, मिली, लेकिन ज़रा दिक़्क़त से मिली। वह बिस्तर में बँधी है और बिस्तर पीछे गाड़ी पर आ रहा है। मैं पैदल बटिया के रास्ते निकल आया था।'' मुंशीजी ने जरा विस्तार से कैफ़ियत दी।

मैं गाड़ी का हिसाब लगाने लगा कि वह कितनी देर में आ जाएगी। मुंशीजी अपने बैठने के लिए मूढ़े की तलाश करने लगे।

तभी पिताजी की झुँझलाहट-भरी आवाज़ भीतर बरामदे से सुनाई दी थी, ''लानत भेजिए साहब इस मनहूस रुपए पर! ससुर साहब मरहूम की इस जायदाद में एक-एक पैसा हराम का लगा है। मैं इसमें से धेला नहीं लूँगा। तुम मुझे अपने रुपयों में से निकालकर दो।''

माँ थोड़ी देर के लिए अन्दर चली गई थीं। मुंशीजी मुरादाबाद

की, भैनाजी की और सोरनसिंह की बातें सुना रहे थे। भाई साहब की सेहत के बारे में चिन्ता प्रकट कर रहे थे, "सोरन को वहाँ नहीं बुलाना चाहिए था। वह तो खुद शराबी-कबाबी आदमी है। उसका क्या इतमीनान?" और पिताजी अपना झोला ठीक करते हुए खेती से लेकर मुक़दमों तक के बारे में सवाल-पर-सवाल पूछते जा रहे थे।

उसी समय माँ ने बहुत सारे नोट लाकर पिताजी के सामने पटक दिये।

"इतने रुपए का क्या करूँगा?" पिताजी ने आश्चर्य से उनकी ओर देखते हुए पूछा था, "तुम्हारा दिमाग़ तो दुरुस्त है?"

"रख लो। ख़र्च न हुए तो लौट आएँगे। कहीं समुद्र की तरफ़ जाना पड़ गया तो किससे माँगते फिरोगे?" माँ ने बड़ी समझदारी से बात कही थी।

पिताजी ने चुपचाप झोले में रुपए रख लिये थे। तभी अचानक उन्हें ख़याल आया था कि बहुत देर से हुक़्क़ा नहीं पिया है और वे मुंशीजी को लेकर बैठक पर चले गए थे।

रात को, पिताजी के मुरादाबाद चले जाने के बाद मुंशीजी खाना खाने के लिए घर आए थे। तब उन्होंने माँ को और भी बहुत सारी बातें बताई थीं। उन्हीं से मालूम हुआ था कि भाई साहब के बचने की उम्मीद नहीं रही थी। उन्होंने यह भी बताया था कि भाई साहब ने ही पिताजी को ख़बर देने से मना कर दिया था। साथ ही यह कि वे बीमारी के दौरान पिताजी को याद कर-करके रोया करते थे।

''मुझसे तो सोरनसिंह ने बताया,'' मुंशीजी कह रहे थे, ''उस दिन जब बाबूजी को बहुत तकलीफ़ थी तो वे रातभर, 'पिताजी-पिताजी' कहकर चिल्लाते थे। मगर जब भी कोई चौधरी

साहब को ख़बर देने की बात कहता तो वे बिगड़ उठते थे, "मगर वे आपको और लल्लू को भी बहुत याद करते थे," मुंशीजी ने माँ की ख़ामोशी तोड़ने के लिए बात आगे बढ़ाते हुए कहा।

"छोटे में तो उसके प्राण बसते हैं।" बहुत देर बाद माँ बोली थीं, "वह तो अब की बार इसे अपने साथ ले जाने को कह रहा था। जाने कितने कोट-पतलून और तमंचे इसके लिए लाकर डाल दिये हैं। घर भरा पड़ा है...अब बन्दूक भी आ गई।" माँ ने बड़ी गहरी उलझन में फँसते हुए कहा था, "मैं गई नहीं। आप सोचते होंगे, मैं क्यों नहीं गई?"

"कोई ज़रूरी नहीं था। और अब तो बिलकुल भी ज़रूरी नहीं।" मुंशीजी ने फ़ौरन माँ को दिलासा दिया था।

"नहीं, ज़रूरी है। ज़रूरी था भी। जब तक चन्दन बीमार है, मैं यहाँ सुख से नहीं रह सकती। मेरे प्राण उसी में पड़े रहेंगे। लेकिन मैं उस घर में नहीं जाना चाहती। उस घर ने मेरे एक लड़के को तबाह कर दिया है, दूसरे को मैं बरबाद नहीं होने दूँगी। मैं इस पर उस घर की छाया भी नहीं पड़ने देना चाहती।" माँ ने मेरी तरफ़ इशारा करते हुए कहा था और फिर चादर लपेटकर चूल्हे पर रखी पतीली की तरफ़ देखने लगी थीं।

मुझे एक और बात याद आ रही थी। कुछ ही दिनों पहले मैंने पूछा था, "माँ, तुम्हारी भैनाजी से लड़ाई है?"

और माँ ने चौंककर कहा था, "नहीं तो, तुमसे किसने कहा?"

फिर जैसे स्वयं ही अपने उत्तर की सफ़ाई देते हुए माँ बोली थीं, "अपने-अपने सोचने का ढंग है। अपने-अपने काम करने का ढंग है। मेरे और उनके विचारों में शुरू से ही मेल नहीं बैठता। इसे कोई लड़ाई कहना चाहे तो कहे। मैं तो इसे लड़ाई नहीं मानती।"

उसी समय कल्यान चाचा, विजीश, इन्दल, सगवा, छुट्टन और ओमप्रकाश आदि अनेक लोग घर में आ गए थे और मेरी विचारधारा टूट गई थी। वे सब मुंशीजी से भाई साहब की बीमारी के बारे में पूछताछ कर रहे थे। कुछ लोग मुरादाबाद जाने की बात कह रहे थे और परेशान नज़र आ रहे थे। मुंशीजी ने कहा था, "मैं परसों मुरादाबाद जाऊँगा। आप चाहें तो शौक से चलें। वैसे परेशान होने की कोई बात नहीं है।"

मैं बहुत खुश था। मेरे लिए एक बन्दूक आ गई थी जिसे लेकर मैं अपने गाँव में बड़ी शान से घूमा करता था। भाई साहब की ही तरह शाम को दो-एक दोस्तों को लेकर शिकार को निकलता था और आसपास का जंगल छानकर रात होने से पहले ही खाली हाथ लौट आया करता था।

पिताजी मुरादाबाद गए थे, इसलिए किसी का डर नहीं था। अलबत्ता आए दिन देर हो जाने पर यों भी माँ की बड़बड़ाहट सुननी ही पड़ती थी, "देखती हूँ, तू भी चन्दन के क़दमों पर चल रहा है। पाजामा पहनने का शऊर नहीं और जब देखो तब शिकार की धसक रहती है। बताए देती हूँ, इस बन्दूक को तोड़कर तालाब में फेंक दूँगी। तू होश में रह। ज़्यादा शिकारची बनेगा तो मुझसे बुरा कोई नहीं होगा।"

मैं कई दिनों से माँ की डाँट-फटकार सह रहा था। उस दिन असह्य हो उठा तो मैंने तत्काल भाभी को अपना कष्ट जा सुनाया, "माँ को मेरी खुशी अच्छी ही नहीं लगती," मैंने शिकायत की, "जब देखो तब मुझे डाँटती है या मुँह फुलाए बैठी रहती हैं।"

"हाय राम! कैसी बातें कर रहे हो, लाला!" भाभी ने विस्मय-विस्फारित आँखों को नचाकर मेरी ओर देखा था, "तुम उन्हें समझ नहीं सकते अभी। वे तुम्हारी भलाई के लिए ही तो कहती हैं..."

"खाक भलाई! इसमें कौन-सी भलाई है कि रखे-रखे मेरी बन्दूक में जाले और जंग लग जाए और उसे चला भी न सकूँ...!" मैंने कहा और थोड़ी देर पहले ही इस विषय को लेकर माँ से हुई बातें मेरे दिमाग़ में घूम गईं।

आँगन में बैठे-बैठे मैंने एक ग़ज़ल की पंक्ति उठाई थी। क्योंकि भाई साहब के ग्रामोफ़ोन में इसका एक रिकॉर्ड भी था, इसलिए उसकी तर्ज़ मुझे ठीक मालूम थी :

'कभी अपना वादा वफ़ा कीजिएगा
मेरी जाँ कहाँ तक दग़ा दीजिएगा!'

तभी माँ बिगड़ उठी थीं, "बस, तू रहने ही दे, क्यों मेरे हाथों पिटना चाहता है?"

मेरी इस बात पर माँ से बहुत बहस हुई थी। भला गाना या संगीत कैसे बुरी चीज़ है? मेरी किताब में साफ़ लिखा है कि यह एक कला है। उसमें तानसेन और बैजू बावरा पर एक पाठ भी है। पर माँ समझना ही नहीं चाहती थीं, बोलीं, "तेरे मुँह से गाना सुना तो मैं तेरी ज़बान खींच लूँगी, बताए देती हूँ।" और मैं मन मारकर चुप हो गया था।

भाभी ने सोच-विचारकर उत्तर दिया, "लाला, देखो, सच्ची बात यह है कि वे नहीं चाहतीं कि तुम अपने भाई साहब के क़दमों पर चलो। वह राह ठीक नहीं है।"

अजीब बात है—मैंने सोचा—माँ को कैसे मालूम कि मैं भाई साहब के क़दमों पर चल रहा हूँ? उन्हें कैसे मालूम कि अकेले

में बैठकर मैं उन्हीं की तरह आलाप लेने, बोलने-चालने और निशाना लगाने की कोशिश किया करता हूँ या कि मैं अपने चलने-फिरने में कभी-कभी वैसी ही मस्ती-भरी लापरवाही लाने का यत्न करता हूँ जो भाई साहब की सहज विशेषता है? ये बातें तो केवल मैं जानता हूँ—अकेला मैं। माँ तो अधिक-से-अधिक यह जानती हैं कि भाई साहब के चले जाने के बाद मैं घर में उनकी ग़ज़लें गुनगुनाता फिरता हूँ, खास तौर पर यह :

'लगता नहीं है जी मेरा उजड़े दयार में...'

मगर यह राह ग़लत कैसे हो सकती है?

तभी भाभी ने मुझे फिर टोका, "तुम उन्हें कुछ समझो, पर वे तुम्हारे भले के लिए ही ऐसा कहती हैं।"

"फिर वही बात!" मैंने चिढ़कर गुस्से से कहा, "इसका मतलब कि भाई साहब बहुत खराब आदमी हैं?"

"हाय राम!" भाभी ने हाथ उठाकर प्रतिवाद किया, "ऐसा किसने कहा? चाचीजी समझती हैं तो समझें! बहुत लोग ऐसा समझते हैं। पर लाला, सच्ची बात यह है कि वे देवता आदमी हैं। जैसे गंगा में बहुत सारे गन्दे नाले आ मिलते हैं पर वह खुद गन्दी नहीं होती, उसी तरह ख़राबियाँ उनमें बहुत हैं—मांस-मछली, शिकार-शराब, गाना-नाचना कहाँ तक गिनाऊँ, पर वे खुद ख़राब नहीं हैं।... लेकिन लाला, जिस तरह हर नदी गंगा नहीं हो सकती, उसी तरह हर आदमी भी ऐसा नहीं हो सकता कि वह ख़राबियों से घिरकर भी ख़राब न हो।"

भाभी ने बड़े क़ायदे से अपनी बात समझाई थी, लेकिन मेरी समझ में कुछ नहीं आया। मैंने ज़्यादा लोगों के मुँह से भाई साहब की तारीफ़ ही सुनी थी, बुराई नहीं। हाँ, घर-ख़ानदान के दो-एक बुजुर्ग ज़रूर अक्सर कहा करते थे कि चन्दन की आदतें अब इतनी

बिगड़ चुकी हैं कि सुधारी नहीं जा सकती; या फिर माँ अक्सर पिताजी से कहा करती थीं, ''तुमने ही उसे बिगाड़ा है...अब मुझसे क्या कहते हो?''

लेकिन गाँव के ज़्यादातर लोग उसकी तारीफ़ और चर्चा किया करते थे। मेरे दिमाग़ में भी भाई साहब की एकमात्र वही तस्वीर थी और वही मुझे पसन्द थी। मैं किसी भी क़ीमत पर अपने-आपको उससे वंचित होने देना नहीं चाहता था। इसीलिए माँ या उन-जैसे और लोगों की बातों से मेरे ऊपर कभी कोई प्रभाव नहीं पड़ा।

इसलिए भाभी की बात का उत्तर देते हुए मैंने सख़्ती से कहा, ''तो मैं कोई गन्दी आदतें सीख रहा हूँ क्या कि माँ...?''

''हाय, लाला! तुम तो आज बड़े गुस्से में हो।'' भाभी ने मुस्कराकर कहा, ''मगर एक बात सुन लो। चलनी की भाप और आदमी की छाप का पता नहीं चलता। तुम्हारी माँ और मुरादाबादवाली भैनाजी की आपस में कभी नहीं बनी। लेकिन इसके बाद भी बोलचाल, स्वभाव और व्यवहार में भैनाजी का असर चाचीजी पर आ ही गया। शायद इसलिए वे और भी नहीं चाहतीं कि तुम पर तुम्हारे भाई साहब की छाप पड़े।''

उस वक़्त भाभी की बातें मेरी समझ से बाहर थीं। भाई साहब मेरे लिए आदर्श थे और मेरे मित्र इसीलिए मेरे प्रशंसक थे कि उनका ऐसा कोई भाई नहीं था जो उन्हें तरह-तरह के खेल-खिलौने और एक सचमुच की बन्दूक लाकर दे सके।

मगर उस दिन से बन्दूक भी एक तरफ़ रख दी गई।

वह अजीब दृश्य था। हमारे इलाके के तहसीलदार साहब आए हुए थे, जो पिताजी के घनिष्ठ मित्र थे। वे न जाने कितनी देर से हवेली के आँगन में बैठे माँ से भाई साहब की बीमारी की पूछताछ कर रहे थे। उसी समय दुर्भाग्य से मैं आ गया तो मेरी नमस्ते का उत्तर देते हुए उन्होंने मुझे अपने पास खींच लिया और हाथ बढ़ाते हुए बोले, "बहुत बढ़िया बन्दूक है, बेटे, तुम्हारी! ज़रा देखें!"

मैंने बन्दूक उनके हाथ में दे दी थी। उन्होंने एक क्षण के लिए उसे उलट-पलटकर देखा और

नल के पास पड़े थोड़े-से पानी में चोंच मारती हुई एक छोटी-सी चिड़िया को निशाना बनाकर ट्रिगर दबा दिया। 'सट' की एक आवाज़ हुई और चीं-चीं करती हुई चिड़िया वहीं पानी में उलट गई। उनके पाँव ऊपर को उठ गए और छोटी-सी लाल चोंच खुली-की-खुली रह गई।

यह सबकुछ इतनी जल्दी हो गया कि माँ ऊपर से नीचे तक काँप उठीं। तहसीलदार साहब हत्यारे-से बैठे-के-बैठे रह गए। उनकी आँखों में उतर आई जड़ता धीरे-धीरे नर्म होने लगी और थोड़ी देर बाद उनकी पुतलियाँ भींग आईं। लेकिन वे कुछ बोल नहीं पाए।

माँ जानती थीं, तहसीलदार साहब—श्री महावीरप्रसाद जैन—बड़े पक्के अहिंसक और धर्म-भीरु क़िस्म के व्यक्ति हैं। लेकिन सब कुछ हो चुका था।

जब मैंने आगे बढ़कर उनके हाथ से बन्दूक ली तो भरे कंठ से बोले, "मुझे पता नहीं था कि यह बन्दूक भरी हुई है। मुझे यह भी पता नहीं था कि इससे चिड़िया मर सकती है।"

"आपका निशाना बड़ा अच्छा है।" मैंने अपने तरीक़े से उन्हें दिलासा देना चाहा था।

"बेटे, मैंने तो हाथों में पहली बार बन्दूक पकड़ी, पहली बार निशाना लिया और पहली बार जीव-हत्या की है। पता नहीं, इस पाप का मुझे क्या दंड मिलेगा!" उन्होंने मुझे अनसुना करते हुए कहा था। वे शायद अज्ञात दंड की कल्पना कर रहे थे।

तहसीलदार साहब की आवाज़ प्रायश्चित्त के बोझ में दबी और डूबी हुई थी। माँ हिल उठी थीं। बहुत देर तक शायद वे कहने के लिए उपयुक्त शब्द खोजती रहीं और फिर जैसे उन्हें और अपने-आपको तसल्ली देते हुए डूबकर बोलीं, "इसमें आपका कोई दोष नहीं है। आपने उसे मारना नहीं चाहा था। आपने तो इसका

मन रखने के लिए बन्दूक चलाई थी। आपको क्या मालूम था कि इस बन्दूक से भी चिड़िया मर सकती है! यह तो सब अनजाने में ही हो गया। अनजाने में किए हुए अपराध का पाप नहीं लगता। शायद उसका वक़्त आ गया था। फिर होनी को कौन टाल सकता है?''

'...होनी को कौन टाल सकता है?' यह चर्चा उस दिन गाँव में भी थी।

पिलखन के नीचे बहुत-सी चारपाइयाँ पड़ी थीं। गाँव के सारे नवयुवक लड़के, जिनमें ज़्यादातर भाई साहब के दोस्त थे, बैठे हुए बीड़ियाँ पी रहे थे। कल्यान चाचा ने कोई कहानी ख़त्म की थी और बड़ी गम्भीरता और मायूसी के साथ लोग उस पर टीका-टिप्पणी कर रहे थे।

मैं यह सुनकर कि कल्यान चाचा मुरादाबाद से लौट आए हैं, उधर गया था। शायद भाई साहब ने कोई और चीज़ भेजी हो! मगर उन्होंने मुझे देखकर भी मुझसे बातें नहीं कीं। कल्यान चाचा बोल रहे थे, ''हाँ, भाई, होनी की ही बात है, वरना किस चीज़ की कमी थी! बम्बई तक से डॉक्टर हवाई जहाज से आए थे। दिल्ली की कई कारें खड़ी थीं...''

मेरी समझ में इन बातों का कोई सिलसिला नहीं आ रहा था, या शायद जल्दी में होने के कारण मैं उन्हें समझना नहीं चाहता था। मेरे पास एक और ज़्यादा बड़ा राज़ था जिसे खुद कल्यान चाचा भी नहीं जानते थे। इच्छा और अनिच्छा के बीच झूलता हुआ मैं कुछ देर तो खड़ा रहा और फिर वहाँ से चला आया। दरअसल मैं मंडावलीवाली भाभी के ही विषय में सोच रहा था।

दो-तीन दिन पहले भाई साहब का एक रजिस्टर्ड पत्र मेरे नाम आया था। डाकिए ने बताया था कि एक पत्र उसके पास भी आया है जिसमें उसे ताक़ीद की गई है कि मेरा पत्र वह सिर्फ़ मुझे ही दे, माँ को नहीं।

पत्र पढ़कर मुझे ऐसा लगा था, जैसे खुद लिखते-लिखते उन्होंने किसी और से लिखवाना शुरू कर दिया हो! उसमें उन्होंने अपनी बीमारी ठीक होने की सूचना देने के साथ एयरगन की साफ़-सफ़ाई और उसे चलाने के तरीक़ों पर भी काफ़ी लिखवाया था। साथ ही इस बात पर विशेष ज़ोर दिया था कि यदि मैं अपनी पढ़ाई का ध्यान रखूँगा और फ़र्स्ट आऊँगा तो मुझे और भी अच्छा इनाम मिलेगा।

मेरे पत्रो के साथ एक बड़ा-सा खत मंडावलीवाली भाभी के लिए भी था जिसमें सौ-सौ रुपए के पाँच नोट लिपटे हुए थे। मेरे पत्र में उन्होंने लिखा था, "दूसरे पत्र के साथ ये नोट गुलाबी भाभी को जाकर सुपुर्द कर देना और वे मना करें तो वहीं फेंककर चले आना।"

मगर भाभी के घर बहुत-से मेहमान आए होने के कारण मैं दो दिन से चक्कर काट रहा था और वे हर वक़्त दो-चार औरतों से घिरी मिलती थीं।

आख़िर मैंने तय किया कि भाभी को अलग बुलाकर उनकी चिट्ठी और नोट उन्हें ज़रूर दे दूँगा। मैं कब तक इन्हें जेब में डाले रहूँ? कहीं माँ ने देख लिया या गिर-गिरा गए तो एक और आफ़त!

इसलिए पिलखन के नीचे से निकलकर मैंने सीधे बगड़ से होते हुए कच्चे का रास्ता पकड़ा और भाभी की कोठरी का दरवाज़ा जा खटखटाया।

"कौन है?" बहुत देर बाद, बहुत बुझे हुए स्वरों में उन्होंने जवाब दिया था और नाम बताने के बाद भी दरवाज़ा खोलने में उन्होंने पाँच मिनट लगा दिये थे।

"मैं दो दिन से तुम्हें खोज रहा हूँ," मेरा वाक्य पूरा हुआ था कि उनके मुँह से एक दबी हुई चीख़ निकली और उन्होंने लपककर मुझे कलेजे से लगा लिया।

इस अनपेक्षित व्यवहार से मैं सहसा घबरा उठा। मैंने उनकी ओर आँखें उठाकर देखा तो वे धार-धार रो रही थीं। आँसू पनालों की तरह बह रहे थे और वे बार-बार होंठ भींचकर भीतर की कोई चीज़ बाहर आने से रोक रही थीं।

मुझे अब तक उनकी वह शक्ल याद है। उनके गुलाबी गाल सुर्ख़ हो गए थे। आँखों के पपोटे सूज आए थे और होंठ सिकुड़ जाने के कारण भद्दे लग रहे थे।

मैंने जब चिट्ठी और रुपए उन्हें दिये तो उन्होंने बड़ी ज़ोर से चीख़कर कहा था, "नहीं, अभी नहीं!!" और वे फिर उसी तरह कोठरी में जा पड़ी थीं। एक क्षण के लिए मैं कल्यान चाचा की बात सोचने लगा था–भाभी भाई साहब के हज़ारों रुपए चाट गईं। मगर इसकी तुक मेरी समझ में नहीं आई थी और मैं अपना-सा मुँह लिए चुपचाप घर की ओर चला आया था। दरअसल मुझे उनसे ऐसे व्यवहार की क़तई आशा नहीं थी, न इसका ही कोई सिर-पैर मेरी समझ में आ रहा था। बस, एक डर-सा लगा था कि कहीं वे पागल तो नहीं हो गईं!

मगर घर पहुँचकर सारी बातें साफ़ हो गई थीं।

माँ भीतर के कमरे में पड़ी हुई सुबक रही थीं। रगुवा नाई आँगन में बड़ी दरी बिछा रहा था। घर-ख़ानदान और पास-पड़ोस

की औरतें इकट्ठी होने लगी थीं। सबकी आँखों में आँसू थे। सब मिलकर रो रही थीं।

सिर्फ़ मैं एक क्षण तक खड़ा हुआ इस सारी भीड़-भाड़ को अवाक् ताकता रहा, क्योंकि मेरे सामने न जाने कब से स्मृति में अटका एक लम्बा रेलवे प्लेटफ़ार्म और उस पर दरी बिछाए बैठी कुछ औरतों का चित्र उभर आया था। मैं यह सोचने की कोशिश कर रहा था कि वे लोग क्यों रो रही थीं! मगर कुछ याद नहीं आ रहा था। सोचते हुए बार-बार ध्यान भाई साहब की ओर चला जाता था और मैं बार-बार उसे इधर-उधर भटकाने की कोशिश करता था।

यह समझ जाने के बाद भी कि वे मर गए हैं, मुझे विश्वास नहीं हो रहा था। मुझे बार-बार लगता था कि वे अभी आकर दरवाज़े में खड़े हो जाएँगे और कहेंगे, 'बीजी, मैंने सोचा, तुम्हारे लिए धोतियाँ कौन ख़रीदेगा? इसलिए मुरादाबाद से चलते हुए कुछ सस्ती-सी धोतियाँ लेता आया था।' और फिर मेरे सिर पर चपत लगाकर पूछेंगे, 'तूने बीजी से कुछ कहा तो नहीं था?'

ऐसा कैसे हो सकता है कि ये मर जाएँ और मेरी आँख में आँसू न आएँ? क्या ये सारी औरतें उन्हें मुझसे ज़्यादा मुहब्बत करती हैं? फिर मेरी आँखों में आँसू क्यों नहीं आते?

सच तो यह है कि मैं रोना चाहता था, मगर मैं रो नहीं पा रहा था। एक अजीब-सी ग़नूदगी, नशा या ठहराव मुझमें आकर जम गया था। मैं बेहोश नहीं हुआ था, लेकिन यूँ ही सोचते-सोचते एक मूढ़े पर गिर गया था और किसी ने उठाकर पलँग के ऊपर जा लिटाया था—इसकी मुझे खूब याद है।

रात को पिताजी और मुंशीज़ी भी आ गए थे। पूरब के आँगन की बैठक खुलवा दी गई थी। पिताजी उसी में तकिया लगाए एक

पलँग पर लेटे थे। उनकी नज़रें छत की कड़ियों पर अटकी थीं। उनका चेहरा बुझा हुआ और स्याह नजर आ रहा था। मैंने पहली बार उस दिन अनुभव किया था कि पिताजी बूढ़े हो गए हैं।

कमरे में बीसियों लोग बैठे थे। मुंशीजी बोल रहे थे, "अल्लाह के फ़ज़्ल से सब कुछ ठीक हो गया था। समुद्र के किनारे ले जाने की तैयारियाँ हो चुकी थीं। चौधरी साहब ने चार सौ रुपए महीने पर पुरी में एक बँगला तय कर लिया था। बाबूजी मुझे भी साथ ले जाने को कहा करते थे, मगर क़िस्मत को कुछ और मंजूर था।"

इस पर कई लोगों ने प्रश्न और जिज्ञासाएँ की थीं। सबने ही जानना चाहा था कि यह सब हुआ कैसे।

उत्तर फिर भी मुंशीजी को ही देना पड़ा था। पिताजी बातचीत में हिस्सा नहीं ले रहे थे।

मुंशीजी ने कहा था, "अब किसी को तोहमत देने से क्या फ़ायदा! लेकिन हक़ीकत यही है कि अगर बीसलपुर का वह सोरन वहाँ न होता तो आज इंशाअल्ला बाबूजी ख़ुशो-ख़ुर्रम हम लोगों के बीच बैठे होते। अब तो वे तक़रीबन ठीक हो गए थे। खुद उन्होंने लल्लूजी के लिए बड़ी मोटी-सी चिट्ठी लिखी थी। फिर उसे रजिस्ट्री से भेजा था और बोले थे, 'पिताजी, अब लल्लू को यहाँ भेज दीजिएगा। मेरे साथ-साथ उसे भी खूब फल खाने को मिलेंगे तो मोटा हो जाएगा।' " इतना कहकर मुंशीजी कुछ देर के लिए चुप हो गए थे, लेकिन मैं सतर्क हो गया था।

मैं हमेशा ऐसी बातों के दौरान यह जानने की कोशिश किया करता था कि भाई साहब अपनी बीमारी में मुझे कितना याद करते थे। इसलिए अपना प्रसंग आते ही मैं खो गया और वह सवाल नहीं सुन पाया जो विजीश ने पूछा था।

मुंशीजी की आँखों में पानी भर आया था। आस्तीन से आँखें पोंछते हुए उन्होंने उत्तर दिया, "कौन, बाबूजी? उन्होंने होश में आते ही चौधरी साहब की तरफ़ गुस्से से देखा था और पूछा था, 'आप ठीक-ठीक बताइए पिताजी, आप कितने दिनों से रात में सोए नहीं हैं, और कब से दाढ़ी नहीं बनाई है? जब भी देखता हूँ, आप मेरी खाट के सिरहाने या पैताने नज़र आते हैं। क्या पता, खाना भी न खाया हो! आख़िर ये सब क्या है? आपके स्वास्थ्य की क़ीमत पर अगर मैं ठीक भी हो गया तो क्या मुझे अच्छा लगेगा?' "

आज मुझे लगता है कि इस बात पर पिताजी ज़रूर रो पड़े होंगे। लेकिन उस वक़्त किसी ने ध्यान नहीं दिया था। लोग क़िस्सा सुनने में डूबे हुए थे।

"बस, साहब!" मुंशीजी ने आगे कहा था, "बदक़िस्मती से मैंने भी चौधरी साहब से यही इसरार किया कि आप आज आराम कर लें। मैं देख रहा था कि ये कई दिनों से मुसलसल जाग रहे थे। रातभर टट्टियाँ उठाते थे, चादरें बदलते थे और बाबूजी के सिर पर हाथ रखे बैठे रहते थे। मगर बाबूजी के सिर से इनका हाथ उठा कि शैतान का हाथ आ पड़ा। ये सोए कि शैतान ने उन्हें दबोच लिया। कमबख़्त सोरन ने न जाने कहाँ से उन्हें फिर एक बोतल देसी की लाकर दे दी। चुनाँचे फिर खून कटने लगा। ताज़े भरे आँतों के जख़्म और भी ज़ोर से रिसने लगे और जब तक चौधरी साहब को जगाया, डॉक्टरों ने ख़बर दी, तब तक हालत बहुत बिगड़ चुकी थी।"

"मारा नहीं साले को?" किसी ने तड़ककर कहा था।

"कौन मारता?" मुंशीजी लम्बी साँस खींचकर बोले, "वाह रे बाबूजी! कितनी बुलन्द शख़्सियत थी! आख़िरी वक़्त तक यही कहते रहे, 'पिताजी, सोरन को कुछ मत कहिएगा। उसकी कोई

ग़लती नहीं है। मैंने ही उसे मजबूर करके बोतल मँगवाई थी।' और एक बार खून का-सा घूँट पीकर चौधरी साहब मौत से लड़ने लगे थे, लेकिन साहब, खून बन्द नहीं हुआ।" मुंशीजी ने होंठों से फूटते रुलाई के गुबार को ज़बरदस्ती सटकते हुए कहा, "पाँसा पलट गया। चौधरी साहब की ख़िदमत, भैनाजी के जाप और तपस्या और हम सब लोग—कुछ काम नहीं आ सके। देखते रहे! बस! और कर भी क्या सकते थे?"

मुंशीजी के साथ कई हिचकियाँ और सुबकियाँ वातावरण में घुल गईं...कुछ लोग फूट-फूटकर रोने लगे...देर तक रोते रहे और ख़ामोशी गहरी होती गई।

तभी पिताजी ने एक लम्बी साँस छोड़कर करवट बदली और बोले, "छोड़ो मियाँ, 'किस-किस को याद कीजिए, किस-किस को रोइए!' और 'आराम बड़ी चीज़ है मुँह ढँक के सोइए,' " कहते-कहते उनकी आवाज़ काँप उठी थी, फिर भी सिर से पाँव तक उन्होंने चादर तान ली थी। धीरे-धीरे लोग-बाग अपने घर जाने लगे थे और मुंशीजी बैठक पर चले गए थे। मगर पिताजी सोए नहीं थे। रुक-रुककर उनके मुँह से साँस के साथ एक आवाज़ निकलती थी—'हाऽऽ!' और उसमें ऐसी भयंकर पीड़ा और छटपटाहट थी कि दूर अपने कमरे में पड़े-पड़े भी मुझसे सोया नहीं जा रहा था।

उस रात बहुत देर तक कोई नहीं सोया था—न माँ, न पिताजी, न मैं।

माँ उठकर पिताजी के पास चली आई थीं। लेकिन मुझे अकेले डर नहीं लग रहा था। वे दोनों चुपचाप पड़े थे। कभी-कभी माँ कुछ बोलती थीं। कभी-कभी पिताजी भी बोलते थे। बहुत देर तक

यों ही चलता रहा था। फिर अचानक पिताजी फूट-फूटकर रोने लगे थे...अजीब-सी आवाज़ आने लगी थी, जैसे उनके गले में कुछ फँस रहा था! काफ़ी देर बाद बड़ी मुश्किल से उन्होंने अपने-आपको सँभाला था। बलग़म का एक बड़ा-सा लोंदा खँखारकर उन्होंने बाहर थूका था और नाक साफ़ करके फिर चुपचाप पड़ रहे थे।

माँ सोरनसिंह को कोसने लगी थीं, "उस हत्यारे ने लड़के की जान ले ली। जाने किस जनम की दुश्मनी निभाई है कुत्ते ने! दोस्त बन के मार डाला।"

"उसे दोष देना फ़िज़ूल है।" पिताजी बड़े सुस्थिर और सधे हुए स्वर में बोले, "उसका वक़्त आ गया था और शायद ईश्वर को यही मंजूर था।...होनी को कौन टाल सकता है?"

इसके बाद मैं सो गया था।

मगर उसी रात मैंने एक विचित्र स्वप्न देखा था कि हमारे आँगन में चन्दन का एक वृक्ष उग आया है। माँ पिताजी को वह पेड़ दिखलाती हुई खुश हो-होकर उसे सूँघ रही हैं; हरी-हरी पत्तियों की सघन झाड़ीवाला यह छोटा-सा वृक्ष हम सबके आकर्षण का केन्द्र बना हुआ है। किन्तु दूसरे ही क्षण दृश्य बदल जाता है। वह पेड़ सहसा सूखने लगता है। माँ की मुस्कराहट गायब हो जाती है। पिताजी की मूँछें सिकुड़कर ऊपर-नीचे होने लगती हैं और कुछ पल सोचकर वे कहते हैं, 'घबराओ मत। कभी-कभी चन्दन पर साँपों का विष लग जाता है। इसे थोड़े पानी की ज़रूरत है। मैं अभी पानी लाता हूँ।'

तीसरे दृश्य में पेड़ की जड़ में पानी भरा है और पिताजी पानी रोकने के लिए खुरपी से डौल बना रहे हैं। सहसा वृक्ष के तने से बहुत दूर मिट्टी उठाने के लिए वे ज़मीन में खुरपी मारते हैं और पौधा धड़ से कटकर ज़मीन पर आ गिरता है।

'हाय! ये तुमने क्या किया?' माँ कहती हैं, 'तुमने पानी की जगह पौधे को शराब दे दी?'

'ओह!' पिताजी माथा पकड़कर बैठ जाते हैं। दुखी मन से कहते हैं, 'मुझे क्या पता था कि भैनाजी ने इस घड़े में पानी की जगह शराब रखी है!'

फिर माँ तत्काल पिताजी को दिलासा देने लगती हैं, 'ख़ैर, अनजाने में किए अपराध का पाप नहीं लगता। शायद इसकी उम्र इतनी ही थी। तुमने इसे कोई जानबूझकर थोड़े ही काटा है!'

मगर पिताजी फूट-फूटकर रोने लगते हैं।

और सचमुच जब मेरी आँख खुलती है तो मैं देखता हूँ—सुबह फैल रही है। पिताजी का हुक़्क़ा भरा रखा है। वे माँ की खाट पर आ बैठे हैं और फूट-फूटकर रो रहे हैं।

खंड : चार

वे दिन मेरे लिए एकान्त निर्वासन के दिन थे। घर में सब थे, लेकिन मुझसे बात करनेवाला कोई नहीं था। माँ खोई-खोई रहती थीं। पिताजी जाने किस सोच में रहते थे। मंडावली वाली भाभी से बात करने का सम्बन्ध नहीं रह गया था।

मैं खाने के वक़्त खाना खा लेता था। सोने के वक़्त खाट पर लेट जाता था, लेकिन मेरे दिमाग़ में भयंकर अकेलापन छाता जा रहा था। मुझे विश्वास होने लगा था कि भाई साहब मर गए हैं। वे अब कभी नहीं आएँगे। क्योंकि मेरे मन के भीतर भी एक बेनाम-सा अँधेरा छा गया था। उनसे जुड़ा हुआ हर एक उत्साह बुझ

गया था। सारे सम्बन्ध टूट गए थे। जैसे मैं तो जीवित था, लेकिन मेरे भीतर कोई मौत हो गई थी।

उस नितान्त अकेलेपन में जब उस दिन माँ को मेरी सुधि आई और उन्होंने मुझसे नहाने और कपड़े बदलने के लिए कहा तो मुझे अपने अस्तित्व का अहसास हुआ था। मेरी दृष्टि उस दिन अनायास अपने कपड़ों की ओर गई थी तो मैंने देखा कि कमीज़ के भीतर नेकर की जेब अभी भी थोड़ी-सी फूली हुई है। भाभी की चिट्ठी और पाँच सौ रुपए जेब में सुरक्षित हैं।

रुपए मुझे माँ को लौटा देने चाहिए—मैंने निश्चय किया। हाँ, चिट्ठी अपने पास रखूँगा।

आज कह सकता हूँ कि उस निश्चय से मुझे बड़ी सान्त्वना मिली थी, जैसे भाई साहब, किसी-न-किसी रूप में मेरे पास आ गए हों! इतने दिन बाद मैंने कमरा बन्द करके वह कागज़ खोला था और पढ़ने लगा था :

'प्यारी गुलाबी भाभी,

तुम्हारा ख़त कल ही मुझे मिला। तुम्हारे रुपए पहले ही मिल गए थे। पाँच नोट थे न। पाँच ही लौटा रहा हूँ। अगर न रखे तो देखना, मेरे मरे का मुँह भी नहीं देख पाओगी।

मेरी बीमारी से तुम दुखी हो। यह बड़ी अच्छी बात है। पर कहीं चन्दन पर भी विष व्यापता सुना है! तुम इस वहम को तबीयत से निकाल दो कि शराब मुझे पी रही है। मैं मरूँगा तो शराब में नहीं, मुहब्बत के समुद्र में डूबकर मरूँगा। इति।

तुम्हारा
चन्दन'

उस पत्र को पढ़ने के बाद मैं सहसा अपनी उम्र में बहुत बड़ा हो गया था। मुझे किसी तरह की दुविधा और किसी मार्ग या मार्गदर्शक की आवश्यकता अनुभव नहीं हो रही थी। मैंने अपना पुराना निश्चय खुद बदल दिया था।

एकदम दृढ़ और सधे हुए क़दमों से भाभी के पास जाकर मैंने भाई साहब का वह ख़त और सौ-सौ रुपए के वे पाँचों नोट उनके सामने फेंक दिये थे। मुझे ऐसा लगा था, मानो एक ऋण से उऋण हो गया हूँ। आज उस भावुक अभद्रता पर थोड़ी ग्लानि भी होती है। क्योंकि भाभी ने मेरी ओर इस प्रकार देखा था, जैसे मैं नहीं, कोई और मेरा लिबास पहनकर उनके

सामने आ खड़ा हुआ हो! फिर भी, रुपए उन्होंने सहेजकर रख लिये थे।

भाई साहब के पत्र की एक-एक पंक्ति आज भी मेरे दिल और दिमाग़ पर नक़्श है। आज भी मैं सोचता हूँ कि चन्दन पर साँप का ज़हर भी असर नहीं करता, फिर शराब कैसे उनकी मृत्यु का कारण बन गई? नहीं, यह ग़लत है। वे शराब नहीं, मुहब्बत का ज़हर पीकर मरे हैं। माना कि उन्होंने ज़िन्दगी को शराबख़ाना बना लिया था, लेकिन फिर भी उनके चारों ओर मुहब्बत का समुद्र न होता, तो क्या वे मरते?

●●●